La blockchain :
une révolution
dans l'immobilier

Éditions Eyrolles
61, bd Saint-Germain
75240 Paris Cedex 05
www.editions-eyrolles.com

Aurélien Onimus

Préface de Pierre Leroy,
Président du mouvement social
d'entrepreneurs French PropTech

La blockchain : une révolution dans l'immobilier

Gestion, transactions, notariat…
La technologie qui va bousculer
les codes et usages du secteur

Éditions
EYROLLES

Sommaire

Chapitre 3
Démocratiser l'investissement immobilier et réduire les risques d'une opération immobilière

Chapitre 4
Optimiser la gestion immobilière

Chapitre 5
Accélérer les transformations du secteur
par les synergies technologiques

Le secteur immobilier et bâtiment est le premier secteur économique en France et dans de nombreux pays du monde. Les spécialistes de la finance aiment qualifier ce marché de «*no brainer*» car oui, nous aurons toujours besoin d'un endroit pour vivre ou travailler. Pourtant, les acteurs traditionnels sont plus que jamais au pied du mur et doivent relever des défis immenses.

Comment recréer de la confiance dans un marché réputé opaque et archaïque? Comment remettre l'utilisateur au cœur des projets quand le «driver» historique a été l'unique rentabilité du mètre carré? Comment relever le défi climatique quand on sait que 43% des déperditions énergétiques sont liées à la performance des bâtiments sans compter le coût carbone des constructions?

Autant de questions structurantes pour l'avenir en particulier quand les géants du numérique décident de s'y intéresser…

Google, Amazon ou Airbnb, tous investissent le secteur avec une approche Tech qui réinterroge la chaîne de valeur et les relations entre les acteurs.

Concevoir, construire, commercialiser, louer, gérer, rénover, financer, les PropTech *(property technologies)* changent la donne en permettant une gestion de la complexité à l'échelle industrielle tout en façonnant de nouveaux business models.

Quelle posture adopter quand Amazon promet désormais des maisons en bois au design californien 40% moins chères et livrées en deux fois moins de temps?

Comme souvent, les États-Unis et la Chine sont en tête de file en soutenant la création et le financement de PropTech qui ont l'ambition de bousculer les acteurs historiques en place, ce qui est encore peu le cas en France et en Europe où l'on observe le plus souvent une alliance entre acteurs traditionnels et start-up.

Un deal « *win win* » où chacun y trouverait son compte : pour les uns, les solutions d'une transformation digitale irréversible, et pour les autres, la possibilité de développer leur entreprise localement.

Pourtant, tout ne va pas si vite.

Si tout le monde s'accorde à dire que les PropTech sont un facteur de changement du secteur, force est de constater que ces innovations cohabitent encore mal avec l'inertie réglementaire, l'inertie des pratiques et les réflexes conservateurs de quelques lobbys.

Cette cohabitation difficile se faisant naturellement au détriment d'un prix de l'immobilier sans cesse inflationniste depuis plus de vingt ans…

Tout cela était vrai tout du moins jusqu'au 17 mars 2020 où, brutalement, la moitié de l'humanité découvre le confinement et les inégalités qu'il génère. La pandémie teste la capacité de résilience de chacun et celle de nos organisations. Une seule certitude, la distanciation sociale parachève la transformation digitale des plus avancés et achève de convaincre les derniers récalcitrants…

Pourtant, tout s'effondre sous les assauts invisibles des gouttelettes de nos semblables, les permis de construire ne s'instruisent plus, les promesses et les actes ne se signent plus, les visites deviennent impossibles et les chantiers s'arrêtent…

On rêve alors d'un monde où les architectes utiliseraient une plateforme BIM partagée avec les services d'urbanisme pour maintenir l'instruction des permis de construire, de promoteurs disposant de plateformes digitales de commercialisation pour continuer les visites virtuelles et configurer son prochain logement ou bien d'applications de suivi de chantiers permettant de planifier les interventions des entreprises de travaux en toute sécurité. On comprend désormais que le digital et les PropTech ne sont pas une mode passagère, mais bien la clé d'un secteur immobilier qui doit se réinventer en profondeur s'il veut survivre aux géants du numérique et aux aléas du marché. Parmi ces technologies, il y en a une dont le potentiel est immense.

Dans un secteur où la confiance, la transparence, la maîtrise des coûts et des délais de transaction sont devenus des facteurs de survie des opérateurs du marché, la blockchain pourrait-elle devenir une réponse miraculeuse?

Buzzword ou véritable révolution, pour s'emparer d'une telle opportunité, encore faut-il que la majorité des acteurs de ce marché très diffus comprennent les enjeux et les potentiels d'une technologie aussi décentralisée.

Trop d'échecs en matière de transformation digitale sont liés à l'incompréhension de la Tech par des acteurs qui ne sont pas nés avec et qui sont pourtant aux commandes de nos organisations; il en est de même pour le secteur immobilier.

À leur décharge, il faut dire que les acteurs de la Tech ne sont pas toujours exemplaires pour expliquer les choses simplement.

Ce livre a pour ambition de rectifier le tir en faisant la pédagogie d'une blockchain appliquée au secteur.

Vous y découvrirez des cas d'usage concrets, ses limites aussi.

Vous vous surprendrez à comprendre en quoi cette «possible» rupture technologique est enthousiasmante pour un secteur qui balbutie encore à l'aube de sa réinvention.

Entrevoir de nouveaux horizons à l'heure où la fossilisation serait meurtrière pour le secteur, c'est toute l'ambition de cet ouvrage, avec humilité et pragmatisme.

Pierre Leroy
Président du mouvement social d'entrepreneurs
French PropTech

La blockchain est une technologie qui a suscité beaucoup de réactions dans le milieu médiatique ces dernières années notamment depuis l'émergence du Bitcoin en 2008 et sa valorisation atteignant presque les 20 000 dollars le 17 décembre 2017[1]. Souvent mise en avant pour sa capacité à supprimer les tiers de confiance tout en apportant plus de transparence et de sécurité aux transactions, la blockchain est vue par le monde du numérique comme la révolution de ce siècle et l'emblème d'une nouvelle société.

Sans atteindre cet extrême, la blockchain va réellement apporter une valeur importante dans notre quotidien grâce à sa capacité à générer de la « confiance ». Régulièrement comparée à Internet à ses débuts, la blockchain pourrait bel et bien changer notre quotidien et nombreuses sont les initiatives privées et publiques qui s'y déploient tous secteurs confondus.

Le secteur immobilier a, quant à lui, mis un certain temps à intégrer le numérique dans son fonctionnement ; l'avancement dans le secteur de l'innovation est encore très limité à ce jour. Airbnb a, entre autres, su montrer que l'immobilier est un secteur qui devait et pouvait être « dépoussiéré ». Nous assistons peut-être aujourd'hui à un niveau de révolution du même genre, cette fois-ci né de la blockchain.

Le 25 juin 2019 a eu lieu la première transaction immobilière utilisant la blockchain en France[2]. Elle concernait l'hôtel

---

1. Eschapasse Baudouin, « 17 décembre 2017 : le jour où… le bitcoin a flirté avec les 20 000 dollars », *Le Point*, 4 janvier 2018.
2. Gregory Raymond, « Première vente immobilière *via* Blockchain en France », *Capital*, 25 juin 2019.

particulier AnnA, situé à Boulogne-Billancourt, pour un montant de 6,5 millions d'euros. Cette opération aurait dû « traditionnellement » coûter approximativement 20 000 € en frais annexes pour être réalisée et durer environ deux mois. La transaction a été réalisée en trente minutes et a seulement coûté 150 € en frais annexes grâce à l'usage de la blockchain[1]. Par ailleurs, chaque part de l'hôtel pourra être achetée pour 6,50 € l'unité.

Cette prouesse, loin d'être la seule au niveau mondial, témoigne de l'apport concret de la blockchain dans l'immobilier. C'est un secteur qui nécessite de disposer de plus de transparence et de confiance, soit les deux principales vertus de la blockchain.

De nombreux projets ont vu le jour, et ce sur de nombreux versants de l'immobilier : transaction, gestion, financement, biens immobiliers eux-mêmes.

Il ne s'agit pas seulement de s'interroger sur ce que cette technologie apporterait potentiellement à l'immobilier, il s'agit de comprendre à quel niveau la blockchain risque de bouleverser concrètement et durablement la vie de tout un pan économique.

En effet, les notaires, agents immobiliers, avocats, promoteurs, urbanistes, aménageurs, constructeurs, fonds d'investissement, investisseurs, experts immobiliers, experts en bâtiment, publicité foncière, banquiers, capital-risqueurs, plateformes de mise en relation, syndics, bailleurs, locataires, propriétaires, détenteurs de parcs immobiliers, collectivités, mairies, gouvernements, hôtels, places de marché, habitants, commerces, services, porteurs de projet, intermédiaires, acheteurs, vendeurs sont tous concernés de près ou de loin par cette technologie qui s'annonce révolutionnaire.

---

1. https://www.youtube.com/watch?time_continue=12&v=8VxCS-3DuxJg&feature=emb_title

La blockchain dans l'immobilier apporte la promesse de la suppression des tiers de confiance, de la transparence totale, de la suppression de la fraude, de la réduction des délais et des coûts, de la gestion optimale.

De nombreux médias prédisent que la blockchain va révolutionner l'immobilier et titrent des articles : « Avec la blockchain, l'immobilier devrait enfin passer à l'ère du numérique[1] », « Comment la blockchain va-t-elle révolutionner l'immobilier[2] ? »… Il ne s'agit pas que d'une « hype[3] » de l'Internet, de nombreux cabinets de conseil réputés mondialement étudient le sujet avec attention dans des rapports : *Blockchain and Real Estate: Mining the unexplored terrain[4]*, *Blockchain in Commercial Real Estate: the future is here[5]*, etc.

L'intérêt pour la blockchain dans l'immobilier n'est pas seulement français ou américain, il est global, à la hauteur des enjeux d'un marché mondial qui fait face à un impératif d'évolution croissant et immédiat (climat, urbanisation croissante, mondialisation et conséquences sanitaires…).

En somme, la blockchain promet de bousculer les codes et les usages du secteur, mais dans les faits, qu'en est-il réellement ?

---

1. Arnaud Pagès, « Avec la blockchain, l'immobilier devrait enfin passer à l'ère du numérique », *Korii (Slate)*, 28 novembre 2019.
2. Gregory Raymond, « Comment la blockchain va-t-elle transformer l'immobilier ? », *Capital*, podcast « 21 millions », 28 octobre 2019.
3. Le terme est souvent utilisé dans le monde de la technologie pour décrire une « tendance », une « mode » éphémère.
4. En français : « Blockchain et immobilier : miner les terrains inexplorés ». Surabhi Kejriwal et Saurabh Mahajan, 2017, Deloitte Netherlands.
5. En français : « Blockchain et immobilier commercial : le futur est là ». Surabhi Kejriwal et Saurabh Mahajan, 2017, Deloitte Center For Financial Services.

Chapitre I

L'immobilier : un secteur archaïque face à une révolution d'envergure

« Innover, ce n'est pas avoir une nouvelle idée,
mais arrêter d'avoir une vieille idée. »

Edwin Herbert Land,
inventeur du Polaroïd

La blockchain révolutionne la « confiance »

La technologie au service de la liberté

La blockchain est née d'un long processus qui a démarré dès les années 1990. Un groupe d'informaticiens, de mathématiciens et de chercheurs se sont regroupés pour faire face au constat suivant : la montée en puissance d'Internet est indéniable, il faut que chaque individu puisse disposer de ses propres données. À l'époque, ce sont Eric Hughes (mathématicien de l'université de Berkeley en Californie), Timothy May (ex-employé d'Intel retraité depuis peu à l'époque) et John Gilmore (un des plus hauts employés de l'entreprise Sun Microsystems) qui sont à l'origine de ce cercle de réflexion.

Le groupe fait le lien entre centralisation des données et centralisation du pouvoir. Leur réflexion est la suivante : étant évident que seules certaines entreprises allaient dominer le monde d'Internet, il était clair que ces mêmes institutions allaient se prévaloir d'une position monopolistique dans le domaine et même au-delà. En effet, gérer de grandes quantités de données met facilement des acteurs en position de monopole car les données peuvent concerner tout ce qui nous entoure. Il ne s'agit pas seulement du secteur numérique donc, mais bien de l'entièreté du tissu économique[1].

Ce mouvement, appelé *Cypherpunk*[2] et né à San Francisco, s'étend partout dans le monde et cherche à militer pour la

---

1. *The Economist* titrait, en juin 2017, en couverture, « The world's most valuable resource, Data and the new rules of competition. » (« La ressource la plus valorisée au monde, la donnée et les nouvelles lois de la concurrence »).
2. Contraction des mots *cipher* (pratique du cryptage et du décryptage) et *cyberpunk* (genre de science-fiction qui met en scène une société futuriste proche de notre ère).

protection de la vie privée, notamment par l'usage de la cryptographie[1]. C'est en 1993, lorsque Eric Hughes publie *A Cypherpunk's Manifesto*[2], que le mouvement commence à prendre de l'ampleur. Sont nés par la suite de nombreux projets informatiques destinés à protéger la vie privée (HashCash, B-Money, BitGold…). Les technologies déployées sur ces projets seront très utiles au développement du Bitcoin.

Ce n'est que quinze ans plus tard, en octobre 2008, lorsque Satoshi Nakamoto publie *Bitcoin: A peer to peer Electronic Cash System*[3], qu'émerge la pensée selon laquelle un système sans tiers de confiance peut bel et bien exister. Satoshi Nakamoto a résolu un problème jusqu'ici irrésolu par les précédentes expérimentations : la « double dépense ». Il s'agit de savoir comment s'assurer qu'une personne disposant d'une somme X n'utilise pas un montant X pour acheter une voiture et dans le même temps un montant X pour acheter un bateau, entraînant une dépense de 2X alors qu'elle ne détient réellement que X. Satoshi Nakamoto – dont personne ne sait réellement s'il s'agit d'un groupe ou d'une personne – lance ainsi le Bitcoin, qui constitue les bases de la blockchain.

Le Bitcoin a permis de prouver deux choses : la monnaie digitale peut créer de la valeur et la technologie permet désormais de créer un système sécurisé « par lui-même ». C'est pourquoi on peut désormais espérer la naissance d'un système dit « décentralisé ».

---

1. Discipline de la cryptologie (science du secret) qui travaille particulièrement sur la protection des messages en utilisant des clés. L'objectif est de rendre incompréhensible un message lu par une autre personne que le supposé récepteur pour assurer la confidentialité, l'authenticité et l'intégrité du message.
2. Eric Hughes, *A Cypherpunk's Manifesto*, 9 mars 1993 – https://www.activism.net/cypherpunk/manifesto.html
3. Satoshi Nakamoto, *Bitcoin: A Peer to Peer Electronic Cash System*, octobre 2008 – https://bitcoin.org/bitcoin.pdf

Créer un système décentralisé

Eric Hughes, toujours dans *A Cypherpunk's Manifesto*, donne un exemple concret relatif à la pertinence de créer un moyen de protéger ses données. Il énonce pour cela une vérité frappante : lorsqu'une personne entre dans un tabac pour acheter un journal et qu'elle paie en liquide, le buraliste n'a besoin que d'une information – le client possède-t-il l'argent pour payer le journal ? – et le client a simplement besoin de savoir si le buraliste détient le journal. Une fois le paiement en liquide effectué, aucune autre information n'est transmise entre acheteur et vendeur.

De plus, et pour faire écho à l'analyse des *Cypherpunks*, Satoshi Nakamoto explique, dans son *White Paper*[1], que les sites commerçants sur Internet s'appuient sur des intermédiaires financiers pour assurer le bon déroulement des transactions. Ces dernières sont par ailleurs réversibles afin de prévoir d'éventuels litiges. Face à ce constat et pour lutter contre la fraude, les commerçants sont obligés d'être attentifs et méfiants au sujet de leurs clients, ce qui engendre une collecte d'informations importante mais pas toujours nécessaire. Les coûts d'intermédiation et d'incertitude de paiements peuvent être évités avec l'usage d'une monnaie physique, mais ne sont pas possibles *via* un moyen de communication numérique sans tiers de confiance.

En effet, lors d'un paiement bancaire, l'identité de l'acheteur est visible pour le vendeur – inscrite sur la carte bancaire et dans la signature numérique – bien qu'en principe la Réglementation générale de protection des données[2] (RGPD) indique claire-

---

1. Terme employé dans le milieu des cryptomonnaies et de la blockchain pour se référer au *Livre blanc* d'un projet. Ce dernier le décrit dans son intégralité : problème identifié, solution apportée, perspectives de développement, équipe, etc.
2. https://www.cnil.fr/fr/le-paiement-distance-par-carte-bancaire

ment qu'il est nécessaire de collecter le numéro de la carte, la date d'expiration, le cryptogramme visuel et rien de plus. La carte bancaire expose son utilisateur à la traçabilité de ses achats pour des objectifs commerciaux ou judiciaires. Ce pistage est facilité par les cartes équipées de paiement sans contact puisqu'elles intègrent la méthode de radio-identification (puce RFID qui permet de transmettre des informations à 10 centi-mètres du porteur).

La donnée relative à l'acheteur est donc connue par le système bancaire, ce qui va à l'encontre des principes de protection de la vie privée. Il est possible pour une banque de remonter nominativement qui a payé quoi à quel moment et même de tracer ses déplacements (c'est utilisé de façon récurrente pour tracer les données passagers).

L'idée du Bitcoin, c'est de pouvoir transmettre le même niveau d'information que lors d'un paiement liquide, tout en utilisant la puissance de l'informatique. Ainsi, aucun organisme ne détient un niveau d'information qui irait à l'encontre de la vie privée. Cela rejoint l'idée selon laquelle un système – pour qu'il ne menace pas l'anonymat de ses membres – ne peut pas être centralisé, c'est-à-dire qu'il ne doit pas remettre l'information à une seule entité.

L'objectif des technologies blockchain est de créer un système qui se régule par lui-même, c'est-à-dire qui ne dépende pas d'organismes centralisateurs ou de bases de données centralisées : gouvernement, banques, entreprises…

Cette approche, bien qu'anarchiste, reste extrêmement impor-tante pour comprendre l'origine des technologies blockchain et leur vertu.

Les technologies blockchain sont en réalité le fruit de nombreuses évolutions technologiques (principalement Bitcoin) qui font qu'aujourd'hui, elles sont particulièrement intéressantes pour le développement et l'amélioration de multiples versants de notre économie. Pour comprendre cela, il est nécessaire d'analyser plus en détail ces technologies.

La blockchain est une technologie distribuée

La blockchain est une base de données qui répertorie l'historique des transactions à la manière d'un grand livre décentralisé et partagé. Elle permet de stocker et transférer de la valeur et/ou des données par l'utilisation d'Internet, le tout de façon transparente, sécurisée et autonome car l'intérêt premier de la blockchain est la suppression d'un organisme de contrôle. La blockchain est un registre mis à jour continuellement et chronologiquement. Il est distribué, vérifiable et protégé contre la falsification d'information, car chaque membre du registre joue le rôle d'«approbateur» d'information, ce qui permet au système de fonctionner sous consensus.

On parle de la «blockchain», mais il y a en réalité plusieurs blockchains. Chacune correspond à un système informatique qui détient ses propres vertus. Il est ainsi possible : soit de créer une blockchain à partir de blockchains existantes (blockchains dites «alternatives[1]») ; soit d'utiliser des blockchains natives telles que Bitcoin et Ethereum, sans y apporter une quelconque modification. Chaque réseau blockchain a un objectif différent : Bitcoin est essentiellement dédié à l'échange monétaire (blockchain native) ; Ethereum est plutôt dédié à l'exécution de contrats (blockchain native) ; Litecoin est, comme Bitcoin, dédié à l'échange monétaire, mais dispose de caractéristiques qui accélèrent la rapidité des transactions (blockchain alternative).

---

1. Litecoin et Dogecoin en font partie puisqu'elles utilisent le code source de la blockchain Bitcoin et ont simplement modifié certains aspects (rapidité de transaction par exemple).

Par ailleurs, les technologies blockchain sont en réalité un déve-loppement précis des technologies dites de « registre distribué ».

Une technologie de registre distribué est une base de données gérée par plusieurs membres grâce à l'usage de nœuds. L'apport des technologies blockchain est de gérer les nœuds par l'usage de la puissance informatique[1], soit l'usage d'algorithmes.

Une blockchain, c'est en quelque sorte une base de données distribuée qui peut fonctionner même dans un environnement où la confiance ne peut être garantie par les membres puisqu'elle est garantie par l'algorithme.

Il existe différents niveaux de blockchain :

- réseau centralisé : un organisme centralisateur utilise les vertus de la blockchain pour centraliser les données. L'intérêt de la technologie est ici purement lié au cryptage et à l'inviolabilité des données. L'organisme centralisateur, lui, reste « souve-rain des données ». En réalité, Internet, dans sa globalité, fonctionne déjà ainsi. L'information est centralisée par des entreprises qui détiennent le monopole (GAFA, NATU…). Le risque est que si l'organisme centralisateur, pour une raison quelconque, venait à perdre/modifier/supprimer des infor-mations, tout le réseau en subirait les répercussions. De plus, utiliser la blockchain pour centraliser l'information serait une sorte de perversion du système, car ce dernier la détournerait de sa vertu originelle, qui est de « décentraliser » ;

- réseau décentralisé : plusieurs organismes du réseau détiennent l'information mais aucun d'eux ne dispose de l'intégralité des

---

1. On parle aussi de puissance de calcul afin de désigner le nombre d'opérations binaires (0 ou 1) que l'ordinateur peut exécuter en même temps, le nombre de bits utiles calculés par seconde ou encore le nombre de cycles de microprocesseur par seconde. Cette notion est indispensable pour bien saisir le fonctionnement de nœuds de réseaux décrit dans le présent chapitre.

données. Il s'agit d'un système d'échange moins monopolistique. Ici, la perte d'information par un des organismes du réseau aurait un impact réduit sur le réseau du fait de la diversité des détenteurs de l'information ;

- réseau distribué : dans ce cas-là, chaque membre du réseau détient partiellement une information du réseau. Un membre détient une copie du registre blockchain en temps réel. En somme, aucun membre ne détient un niveau d'information différent des autres, ce qui signifie que le réseau est entièrement distribué. Il s'agit du développement blockchain le plus sain pour ces technologies. La raison est simple : si le réseau venait à être attaqué, ce sont 51 % des membres du réseau qui devraient subir l'attaque pour rendre le réseau obsolète. L'impact de la perte de l'un de ses membres serait donc quasi nul.

Il existe de même différents types de blockchain : publiques et privées.

Blockchains publiques et blockchains privées

Les premières sont des blockchains dont le registre de données est visible par tout le monde, que l'on soit à l'intérieur ou en dehors du réseau. À ce titre, il existe Bitcoin, Ethereum, Ripple, Dash, etc. Chacune d'entre elles a des spécificités, mais fonctionne sur la même base, c'est-à-dire que les transactions stockées dans ce type de registre sont non modifiables, non supprimables et accessibles par tous (en lecture seulement). Les blockchains publiques sont des réseaux entièrement distribués.

Les secondes sont des blockchains installées en interne à des institutions ou des entreprises qui font le choix de travailler soit *via* la gouvernance unique, soit *via* la gouvernance partiellement décentralisée. Il existe Hyperledger Fabric, Linux Fondation, etc. Les blockchains privées sont en réalité soit des réseaux centralisés, soit des réseaux décentralisés.

Idéalement, la blockchain se veut être un réseau *peer-to-peer* (P2P) – pair à pair – dans lequel chaque membre du serveur est serveur lui-même. Dans ce cas, tous les membres distribuent des informations, contrairement au réseau classique où les membres interagissent avec le serveur central pour obtenir des informations. Ainsi, un réseau blockchain devient de plus en plus efficace lorsque de plus en plus de membres sont inclus dans le réseau. En effet, plus le nombre de membres du réseau est important, moins le risque de chute du réseau en cas d'attaque est grand.

En somme, on peut comprendre que l'intérêt premier des technologies blockchain est de décentraliser l'information au maximum tout en garantissant la sécurité, c'est ce que nous allons voir ci-après.

Crypter les données

Les technologies blockchain sont des technologies de cryptage qui permettent de rendre les informations diffusées au sein d'un réseau infalsifiables et inviolables. Chaque fois qu'une information est transmise d'une personne A à une personne B dans le réseau, les membres de celui-ci vérifient informatiquement que A détient bien l'information, que B est bel et bien apte à la recevoir. Cette information peut prendre diverses formes : monnaie, conditions d'échange, provenance, vertu, contrat, etc.

Par ailleurs, *blockchain* signifie littéralement « chaîne de blocs ». Chaque bloc contient des informations relatives au réseau. Afin de certifier les informations, une mécanique de cryptage asymétrique est mise en place.

Pour qu'un réseau utilise la cryptographie asymétrique, celle-ci doit disposer de trois éléments que nous allons exposer *via* la blockchain Bitcoin :

- adresse : chaque utilisateur doit avoir une adresse Bitcoin. Cette adresse est un élément crypté qui empêche aux utilisateurs du réseau de connaître mon identité réelle. L'adresse est l'équivalent du nom de compte de l'utilisateur ;

- clé privée : la clé privée intervient tel un chiffrement. Si, par exemple, une personne A souhaite « donner 1 Bitcoin à B », la clé privée inscrira : « 7xy4d… ». La clé privée est unique à chaque utilisateur et doit être conservée ;

- clé publique : la clé publique joue le rôle de « déchiffreur », elle permet de valider la transaction de A vers B. Ce double mécanisme permet de valider que A est bien l'auteur de la transaction puisque seul A est en capacité de générer une clé qui déchiffre la clé privée.

L'utilisation de clé privée/publique permet d'assurer la sécurisation de la transaction. Chaque bloc contient tout l'historique des transactions effectuées. C'est le système de clé privée/clé publique qui permet d'authentifier la véracité de la transaction.

Ce qu'il faut bien comprendre, c'est que toutes les transactions sont compilées au sein d'une blockchain. Le cumul de ces transactions constitue ainsi un « bloc ». Chaque nouveau bloc comprend l'historique du précédent bloc, mais correspond toutefois à une nouvelle suite alphanumérique. Ce cryptage permis par la clé privée est communément appelé fonction « *hash* ». Cette dernière intègre chacune des informations précédentes dans une mécanique renouvelée de cryptage. À chaque mise à jour de bloc, la fonction procède à un nouveau cryptage. Pour que le réseau vérifie que le bloc est bien réel, une mécanique de décryptage des *hash* du plus récent au plus ancien a lieu. Ce décryptage est rendu de plus en plus difficile lorsqu'un nombre croissant de transactions a lieu.

Une blockchain est de cette façon de plus en plus résistante si de plus en plus d'utilisations du réseau se produisent.

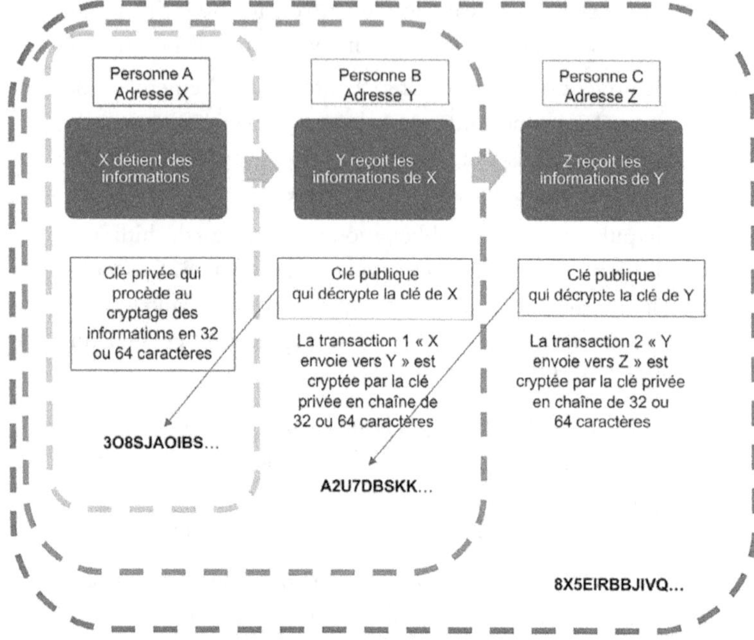

Fonctionnement schématique d'un réseau
à cryptographie asymétrique

La blockchain apporte de la valeur là où Internet a apporté l'information. En effet, ce que la blockchain permet, c'est une parfaite traçabilité des informations transmises, une transparence totale sur ce qui est transmis, son origine et éventuellement la mise à disposition d'autres informations.

En fait, la blockchain apporte une révolution sur la notion de transaction. Pour bien le comprendre, voici un schéma qui synthétise le fonctionnement du réseau blockchain.

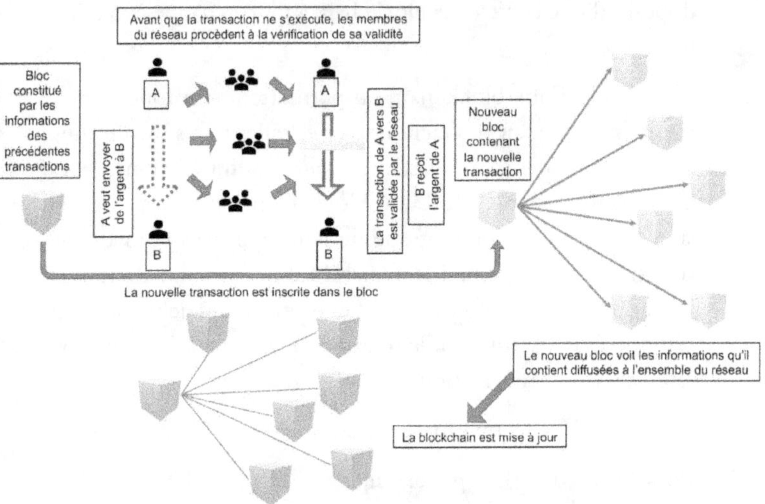

Fonctionnement d'un réseau blockchain

Diffuser la confiance

La blockchain permet – lors d'une transaction – de s'exempter de tiers vérificateur en distribuant en quelque sorte la « confiance ».

Dans le schéma précédent, nous avons indiqué que plusieurs membres d'un réseau blockchain interviennent pour « vérifier » la faisabilité et l'authenticité de la transaction. Ces membres vérificateurs, appelés « mineurs[1] », sont chargés d'organiser et de compiler les informations transactionnelles au sein d'un ou de plusieurs blocs du réseau.

Les membres d'un réseau blockchain utilisent en réalité ce que l'on appelle des « nœuds » pour exister au sein du système. Les nœuds sont des ordinateurs liés à la blockchain. Ils utilisent un programme pour relayer les transactions internes au réseau et

---

1. Cela dépend toutefois du type de réseau blockchain (*cf. p. 17*).

disposer d'une copie de la blockchain à jour à chaque évolution du réseau.

Les nœuds d'une blockchain en permettent son fonctionnement en exécutant des tâches diverses telles que sécuriser une copie de la blockchain existante, traiter les transactions… Les propriétaires de nœuds d'une blockchain mettent à disposition la puissance informatique de leurs appareils pour que le réseau vérifie mathématiquement la fiabilité des transactions et la transmission des informations. Les propriétaires de nœuds sont rémunérés par la suite par le réseau pour avoir mis à disposition leur puissance informatique.

Il existe différents niveaux de nœuds selon les blockchains.

Pour le Bitcoin, on a par exemple :

- le nœud Bitcoin : c'est simplement un ordinateur connecté ;
- le nœud complet : de par ses configurations précises (équipements, connexion, durée de fonctionnement/jour), ce type de nœud sécurise et assure le fonctionnement de Bitcoin ;
- les nœuds d'écoute qui permettent de communiquer des informations entre nœuds ;
- les nœuds de minage : groupement de mineurs sur un nœud pour mutualiser la puissance de calcul.

Afin de fiabiliser le fonctionnement du réseau, il est nécessaire que les membres du réseau ne soient pas uniquement des utilisateurs mais qu'ils contribuent aussi à sa sécurisation et à sa fiabilisation. Il existe pour cela deux moyens spécifiques pour s'en assurer : la « preuve d'enjeu » (*Proof of Stake* en anglais) et la « preuve de travail » (*Proof of Work* en anglais).

Preuve d'enjeu (*Proof of Stake* : PoS)

La preuve d'enjeu gagne de plus en plus d'importance dans le développement de réseau blockchain puisqu'elle suit la logique suivante : un membre du réseau possède une chance de vérifier une transaction qui est proportionnelle au nombre de *coins*[1] qu'il détient. Plus un membre possède de *coins*, plus il a de chance de devenir «validateur» de transactions. Cette méthodologie est de plus en plus prisée car c'est une façon de sécuriser indirectement de manière beaucoup plus fiable une blockchain. En effet, pour qu'une blockchain «tombe», il faudrait qu'elle subisse une attaque de la part de 51 % du réseau ; or, cela correspond, avec cette méthode, à disposer des 51 % de *coins* du réseau. De fait, attaquer le réseau deviendrait très coûteux pour une personne ou entreprise malveillante.

Preuve de travail (*Proof of Work* : PoW)

D'abord initié comme élément central de la blockchain Bitcoin, ce système de vérification s'est étendu à d'autres blockchains. Il s'agit pour les membres du réseau de mettre à disposition la puissance de calcul de leur ordinateur afin de résoudre un problème cryptographique complexe. La solution doit être un nombre qui, une fois inscrit dans une fonction «*hash*», devient une chaîne de caractères particulière. C'est le premier membre du réseau qui parvient à résoudre «l'énigme» qui obtient une récompense (un ou plusieurs *coins* du réseau sans frais). Lorsqu'il a trouvé la solution, un nouveau bloc est créé inscrivant ainsi la (les) nouvelle(s) transaction(s) dans le réseau. Cette méthode est fortement critiquée en raison de la puissance informatique demandée. Pour ce genre de système, l'objectif pour un mineur est de disposer de machines suffisamment puissantes pour trouver la solution avant tous les autres membres du réseau.

D'autres mécanismes hybrides existent, mais tous ont une vertu commune : la confiance est partagée au sein du réseau et sécurisée par un algorithme informatique, qui est la force des technologies blockchain. Cette technicité a permis de faire

---

1. Monnaie d'échange propre à un réseau blockchain.

émerger de nouvelles approches aujourd'hui piliers de ces technologies : les *smart contracts*.

Les *smart contracts* pour fluidifier les transactions

C'est à la suite de l'arrivée, en juillet 2015, de l'Ethereum créé par Vitalik Buterin que la blockchain a pris une tout autre dimension. Ethereum a permis la création de ce qui est communément appelé *smart contract* francisé en « contrat intelligent ». Ces contrats peuvent s'exécuter automatiquement si un certain nombre de conditions prédéfinies sont remplies. La naissance des contrats intelligents a rendu possible le déploiement de multiples projets qui s'appuient sur cette technologie.

Ethereum utilise la monnaie Ether pour permettre le paiement de ces contrats intelligents. Afin qu'un contrat se réalise, il est nécessaire de rémunérer les mineurs pour la tâche qu'ils ont exécutée[1] *via* l'Ether, aussi appelé « gaz ». La monnaie Ether peut être divisée en plusieurs sous-multiples : 1 000 000 ETH = 1 MEther, 1 000 ETH = 1 kEther, 0,001 ETH = 1 Finney, 0,000001 ETH = 1 Szabo, 0,000000001 = 1 Gwei, etc. Quelle qu'elle soit, une opération sur la blockchain Ethereum coûte du gaz[2] qui illustre l'effort à fournir pour traiter l'opération.

Le prix du gaz varie selon les besoins du marché. Ce peut être le mineur, qui fixe le prix pour lequel il est prêt à réaliser le travail cryptographique, ou l'utilisateur, qui donne un prix moyen qu'il est prêt à dépenser en gaz pour que le contrat s'exécute. Comme pour l'essence d'un véhicule, le prix final correspond à un volume et à un prix par volume. Il est ainsi nécessaire de fixer la limite en gaz qu'un mineur est susceptible de dépenser afin d'exécuter un contrat comme s'il s'agissait de définir de volume d'essence nécessaire à disposer pour effectuer un trajet. Cette

---

1. Sécuriser et assurer le bon fonctionnement du réseau.
2. Exprimé généralement en Gwei.

limite en gaz peut être arbitrée en fonction de la complexité d'un contrat : plus il est complexe, plus cela demandera de puissance informatique à un mineur pour l'exécuter (donc plus il aura besoin de «carburant»). C'est le mineur qui arbitre sur la décision d'effectuer ou non le contrat en fonction de la limite proposée par l'émetteur. À titre d'exemple, le vendredi 28 février 2020 à 17 h 51, pour valider un *smart contract* avec une limite en gaz de 21 000 et un cours du gaz choisi à 30 Gwei, cela aurait pris 394 secondes et aurait couté 0,01285 € en frais de transaction[1].

Ainsi, depuis la naissance d'Ethereum, certaines blockchains peuvent désormais exécuter un contrat de façon automatisable et certifiée par un tiers quelconque tant que celui-ci dispose de la puissance de calcul nécessaire.

Ethereum a permis la naissance de ce que l'on appelle les DApps *(Decentralized Apps)*. Les DApps sont révolutionnaires ; pour le comprendre, nous allons l'illustrer simplement. Lorsqu'on utilise une application de messagerie instantanée telle que Facebook Messenger, l'information que l'on émet est d'abord transmise à un serveur central avant d'être réceptionnée par la personne désirée. Les DApps permettent d'envoyer le message directement à la personne désirée en répartissant la charge de travail à réaliser entre différents membres du réseau. Chaque membre du réseau reçoit une récompense pour le travail effectué et le message est envoyé. Ainsi, Ethereum permet à ses membres : soit de monétiser le travail informatique qu'ils réalisent, soit de développer des DApps qui, pour s'exécuter, nécessitent un apport en Ether.

Avec la blockchain, plus personne n'est dépendant d'un réseau centralisateur pour exécuter des contrats. C'est une révolution d'envergure, puisque cela signifie qu'un contrat peut s'exécuter de façon automatisée dès que des conditions – aussi nombreuses

---

1. Données puisées de ETH Gas Station, un site de suivi des prix du gaz Ether https://ethgasstation.info/calculatorTxV.php

soient-elles – sont remplies et le tout sans dépendance à un tiers de confiance.

Le seul apport des *smart contracts* n'est cependant pas suffisant pour mesurer l'impact réel de la blockchain, c'est pourquoi la notion de digitalisation d'actifs mérite d'être énoncée.

La digitalisation des actifs pour fractionner la propriété

La création du Bitcoin a permis la naissance de ce qui est communément appelé un *token*[1]. Cela correspond à un actif entièrement numérique qui détient une valeur. En effet, la création du Bitcoin se résume à pouvoir transférer numériquement un élément qui détient de la valeur sans le « dupliquer[2] ». Ainsi, le Bitcoin a permis la naissance d'actifs numériques qui peuvent se transférer sans jamais se dupliquer.

bitcoin ou Bitcoin ?

Dans l'environnement « tech », on effectue souvent une distinction entre « Bitcoin » avec un grand « B » et « bitcoin » écrit entièrement en minuscule. Généralement, « Bitcoin » désigne le système de fonctionnement, la blockchain propre à ladite cryptomonnaie. Le mot « bitcoin » en minuscule désigne plutôt l'unité de compte lorsque, par exemple, on détient 2,5 bitcoins. Autre élément remarquable, il est possible de même de parler de « Blockchain » lorsque l'on désigne la technologie en soit, de manière généraliste. *A contrario*, lorsque l'on parle de différents systèmes de ce type qui existe ou d'un type de réseau en particulier, on parle de « blockchain » en minuscule. Cette

---

1. Signifie littéralement « jeton » en français.
2. En effet, lorsque l'on envoie un mail à une personne, il reçoit une copie de ce mail rendant la détention de ce dernier multiple (émetteur et récepteur). C'est la même chose pour une image ou autre…

> subtilité paraît moindre mais ne pas la connaître génère
> parfois des confusions. Dans cet ouvrage, nous avons toutefois
> opté pour une seule écriture de la blockchain pour simplifier
> la compréhension.

La notion de « valeur numérique » s'en trouve bouleversée ; c'est d'ailleurs pour cela que l'on dit que là où Internet a bouleversé la communication, la blockchain a redéfini la notion de « valeur ». La propriété du numérique se trouve questionnée car on peut désormais détenir quelque chose d'unique même s'il n'a aucun lien avec un élément « physique[1] ». Un token détient ainsi l'équivalent d'une « empreinte » qui permet non seulement de tracer sa diffusion au sein d'un réseau informatique, mais aussi d'en empêcher sa duplication.

En parallèle, ces tokens disposent d'une propriété extrêmement intéressante : le fractionnement des unités. En effet, un Bitcoin peut être réduit jusqu'à 10^8 décimales, ce qui constitue un avantage fort par rapport à l'euro (jusqu'à seulement 1 centime soit 0,01 €) puisque la valeur d'un objet peut être définie avec encore plus de précision[2].

Le papier de recherche *Tokenized Securities & Commercial Real Estate* du Massachusetts Institute of Technologies (MIT) réalisé par un groupe de la Digital Currency Initiative et du MIT

---

1. L'entreprise Cryptokitties a créé l'équivalent de « cartes de collection » entièrement numérisées où des générations de « chats » (traduction de *kitties*) sont produites aléatoirement par l'algorithme blockchain et détiennent une valeur différente selon la rareté d'occurrence. La possession de ces chats est unique et ne peut être dupliquée puisque leur image respective ne fonctionne qu'à la lecture du code blockchain sous-jacent.

2. Soit 0,00000001 bitcoin que l'on appelle « Satoshi » en référence à l'inventeur du bitcoin. D'autres *tokens* peuvent être fractionnés en des parts encore plus infimes tels que l'Ether décrit plus tôt.

Media Lab[1] nous invite à effectuer toutefois deux distinctions importantes dans la définition d'un token :

1. le token natif : actif digital créé à partir d'une blockchain (par exemple, prêts en cryptomonnaie, organisation décentralisée autonome[2], etc.). Ce type d'actif est similaire aux actifs traditionnels excepté que des développements poussés peuvent mener à des ruptures avec ce qui existe déjà ;

2. le token « digitalisé » : actif qui existe indépendamment d'une blockchain et qui a été matérialisé dans un réseau (parts de capital, dette…). Il respecte les caractéristiques traditionnelles d'un actif (qu'elles soient bonnes ou mauvaises).

Par ailleurs, un token peut représenter différents types d'actifs qu'ils soient :

- intangibles : brevets, franchises, noms de domaine, prêts, droits d'accès, droits de marques ;

- tangibles : produits de base (pétrole, céréales, or), vin, œuvres d'art, voitures, machines-outils, diamant, terres rares, ivoire, produits à valeur relativement fixe : bâtiments, terrains, espaces aériens…

Les perspectives permises par la digitalisation des actifs sont donc assez larges – bien que variables selon les législations des différents pays. Des tokens et des *smart contracts* sont nés des utilisations financières d'un niveau plutôt intéressant que nous énonçons seulement succinctement pour l'instant.

---

1. Julie Smith, Manasi Vora, Hugo Benedetti, Kenta Yoshida, Zev Vogel, *Tokenized Securities & Commercial Real Estate*, 14 Mai 2019, MIT Management Sloan School, Digital Currency Initiative, MIT Media Lab.
2. Les DAO *(Decentralized Autonomous Organization)* assimilables à des entreprises permettent aux participants de gérer les ressources – définies au sein du token – d'un réseau de manière totalement décentralisée *via* des règles de gouvernance prédéfinies inscrites dans des séries de *smart contracts*.

En effet, les contrats intelligents d'Ethereum ont fait émerger de nouveaux modes de financement spécifiques à la blockchain. Ils sont matérialisés sous différents aspects (*Initial Coin Offerings / Security Token Offerings / Initial Exchange Offering…*) et permettent de digitaliser complètement des fractions d'un bien meuble ou d'une société pour permettre un investissement de masse. Ces nouveaux moyens financiers permis par la blockchain offrent sans cesse de développer de nouvelles opportunités, la DeFi en est un exemple.

Exemple d'un développement financier conséquent : la DeFi

On assiste depuis début 2020, à la montée en puissance de la DeFi, autrement appelée *Decentralized Finance*, appuyée par l'usage de token natif. L'idée est de faire fonctionner entièrement un réseau financier sans intermédiaire – à la manière d'une DApp – en permettant d'emprunter de l'argent, d'obtenir des dérivés financiers ou encore de gérer des actifs par exemple sans aucun intermédiaire.

Au travers de cette synthèse sur les technologies blockchain, il est désormais possible de comprendre la valeur ajoutée que celles-ci génèrent :

- supprimer l'existence d'un tiers de confiance (banque, assurance, serveur informatique, organisme de contrôle, etc.) en certifiant l'information transmise ;

- empêcher la falsification des informations ;

- créer un mécanisme de consensus réparti ;

- instaurer un registre commun d'information pour tous les membres du réseau ;

- distribuer un niveau d'information équivalent à tous les membres du réseau en temps quasi réel.

En somme, Internet a permis l'explosion de la communication dans le monde entier (réseaux sociaux, e-commerce…), de rejoindre des personnes à l'autre du bout du monde instantanément, de créer des outils pour ses utilisateurs (sites internet, applications, communication téléphonique/vidéo/textuelle…).

La blockchain va permettre à Internet d'évoluer pour :

- créer un système régi par la transparence et la confiance ;
- fluidifier et sécuriser les échanges d'information ;
- apporter de la valeur « numérique ».

Mais en quoi l'immobilier est-il concerné ?

POURQUOI L'IMMOBILIER EST-IL CONCERNÉ PAR LA BLOCKCHAIN ?

Le secteur représente un poids économique non négligeable

L'immobilier recouvre toutes les activités ayant un lien avec la gestion et la transaction des biens immobiliers. Il convient toutefois de noter que beaucoup de liens existent avec le domaine de la construction (logement, urbanisme, promotion immobilière, conseil, gérance…) ; c'est d'ailleurs pour cette raison que le présent ouvrage, bien qu'orienté majoritairement vers l'activité immobilière au sens strict, énoncera aussi ses versants proches.

L'immobilier représente un poids financier important. En effet, HSBC a valorisé la totalité des actifs immobiliers[1] dans le monde

---

1. Cette notion comprend en majorité les actifs immobiliers résidentiels (hébergement de population en résidence principale ou secondaire), les actifs immobiliers commerciaux (bureaux, locaux commerciaux…), les terres (terrains agricoles, terrains nus…).

à 204 250 milliards d'euros fin 2016 alors que le PIB mondial est estimé à 66 828 milliards d'euros en 2016[1]. Cela signifie qu'à cette date, la valeur des actifs immobiliers était supérieure à trois fois la valeur annuelle produite par l'économie mondiale (biens et services).

À noter que cette étude réalisée par HSBC révèle que près de 74 % de la valeur des actifs immobiliers mondiaux sont représentés par les actifs immobiliers résidentiels. Parmi eux, 22 % se situent aux États-Unis, alors que cela correspond à seulement 7 % de la population mondiale et 23 % se situent en Europe, à seulement 11 % de la population mondiale, là ou l'Afrique et le Moyen-Orient représentent 19 % de la population, mais seulement 6 % de ce type d'actif.

Le PIB[2] national français était, en 2018, de 2 353 milliards d'euros[3]. 313,8 milliards et 287,5 milliards de la production nationale sont représentés respectivement par les activités immobilières et la construction qui, cumulées, équivalent à presque 15 % de la production nationale totale[4] (évaluée à 4 029 milliards d'euros)[5], soit une part non négligeable de l'économie nationale.

Par ailleurs, il y a en France en moyenne 242 000 employés[6] dans le secteur des activités immobilières depuis 2017 jusqu'au troisième trimestre 2019, et plus de 1,7 million d'emplois

---

1. HSBC & Savills World Research, *Global Real Estate, Trends in the world's largest asset class*, 2017.
2. Somme des valeurs ajoutées des producteurs du territoire national.
3. https://www.insee.fr/fr/statistiques/4272575
4. À laquelle sont soustraites par la suite les consommations intermédiaires (notamment la consommation des ménages), les subventions pour les produits, puis additionnés les impôts sur les produits pour estimer le PIB (calcul en approche « production »).
5. https://www.insee.fr/fr/statistiques/3696937 – p. 112.
6. https://fr.statista.com/statistiques/485918/emplois-salaries-activites-immobilieres-france/

recensés en 2017 dans la construction. Il y a en France près de 660 000 entreprises dans la construction et 221 000 entreprises à activités immobilières à fin 2017, soit un total de 881 000 entreprises sur 5 086 000 présentes sur le territoire (près de 17,5 % des entreprises nationales). L'élément le plus remarquable est que les secteurs de la construction et des entreprises à activités immobilières constituent près de 18,4 % de la valeur ajoutée brute produite nationale évaluée à 2 042 milliards d'euros[1] (richesse économique créée hors subventions et impôts).

En somme, l'immobilier est un domaine extrêmement important puisqu'il constitue une des principales sources de création de valeur dans le monde entier et en France.

De plus, c'est un secteur qui gagne généralement de la valeur continuellement sur le long terme (puisque chaque fois qu'un bien est construit, il peut être à l'origine de multiples transactions, constructions, rénovations, investissements).

Pourtant, bien que le secteur ait entamé depuis quelques décennies une mécanique de digitalisation remarquable, cette veine économique souffre de son archaïsme et génère de nombreuses frictions à différents niveaux en ce qui concerne les transactions, l'investissement, l'accès à la propriété, la gestion et le marché lui-même.

La blockchain pourrait ainsi apporter sa pierre à l'édifice.

Des révolutions technologiques marquantes depuis quarante ans

L'immobilier est un secteur connu pour résister au changement. Les raisons principales sont les suivantes :

---

1.   https://www.insee.fr/fr/statistiques/3696937 – p. 113.

- la variabilité des produits présents et échangés à titre privé sur le marché rend difficile la standardisation d'une «industrie» ;

- un bien représente une valeur trop élevée dans une vie pour qu'il soit échangé facilement et régulièrement sur le marché, ce qui limite les actions possibles à de la spéculation, de la valorisation (rénovation, extension…) ou encore à de la conservation ;

- le bon déroulement de processus immobiliers n'est possible qu'avec la présence d'intermédiaires qui ont tout intérêt à rendre opaques[1] les méthodes de facturation de leurs honoraires (temps passé, commission…) et ainsi refuser l'arrivée de technologies en mesure de changer leur métier en tout ou partie (avocats, agents immobiliers…).

Il est communément admis que le secteur immobilier a subi trois révolutions d'envergure. C'est très bien expliqué dans un rapport sur l'immobilier de la Saïd Business School (université d'Oxford). Ces révolutions se manifestent par ce que l'on appelle les PropTech[2].

PropTech

Le terme d'industrie 4.0 est employé pour désigner les évolutions provoquées par l'usage de technologies issues du digital, à savoir : la diffusion de l'information accessible partout, à tout moment par les réseaux sociaux comme par les médias sur Internet, l'évolution de la notion de transaction désormais entièrement possible *via* Internet (Amazon, eBay, PayPal…) et l'usage d'objets connectés pour contrôler des interfaces électroniques (véhicules, infrastructures…).

---

1. Bien sûr, cela ne s'applique pas à tout le monde.
2. La contraction des mots *Property* et *Technologies* est à l'origine du mot. Idem pour la FinTech *(Financial Technology)*, la ConTech *(Construction Technology)*, etc.

Plus particulièrement, la PropTech désigne la transformation du secteur immobilier véhiculé par la digitalisation. Cette dernière peut revêtir différents aspects :

• *smart building :* faciliter l'entretien et la gestion d'entités immobilières, qu'il s'agisse de bâtiments, de routes, d'ensembles urbanistiques, de villes… ;

• *FinTech :* faciliter l'échange d'actifs immobiliers ;

• économie collaborative : partager les informations relatives aux biens ;

• *ConTech :* concevoir et « designer » des projets immobiliers (notamment le BIM) ;

• *LegalTech :* fluidifier la réalisation et la gestion contractuelles ;

• *smart cities :* combiner des révolutions technologiques du monde du transport et de la logistique avec celui de l'immobilier[1].

Avant 1985, l'immobilier se situait plutôt dans un mode traditionnel. Les informations étaient distribuées, sur support papier (plans, documents…), en silos depuis la conception du projet, en passant par la transaction jusqu'à la livraison et l'entretien du bien. C'est réellement après cette date que l'immobilier commence enfin à intégrer les nouvelles technologies.

Le secteur de l'immobilier connaît ainsi trois degrés d'évolutions majeures.

PropTech 1.0

L'arrivée de l'ordinateur dans les années 1930-1940 n'a pas réellement impacté le secteur. C'est réellement après 1985, lors de son ouverture au grand public avec l'arrivée du PC

---

1. Andrew Baum, Andrew Saull et Fabian Braesemann, Université d'Oxford et Saïd Business School, *PropTech 2020 : The Future of Real Estate*, février 2020.

(Personal Computer)[1] – qui permet à son utilisateur de travailler sur des feuilles de calcul (Excel et autres) – que les pratiques du secteur ont été améliorées. Cette première révolution a bénéficié de l'enthousiasme généré par l'arrivée des acteurs *dotcom*[2] qui a mené à des investissements financiers massifs dans les start-up (très probablement responsables de la bulle Internet des années 2000 générée par une survalorisation boursière d'entreprises).

Dans cette optique, l'usage de logiciels[3], qui a engendré la naissance de la modélisation informatique, agissait tel un support au monde «traditionnel» de l'immobilier. L'information restait compartimentée.

PropTech 2.0

Une forte rupture s'est opérée dans les années 2007-2008 lors de la crise financière mondiale puisque les acteurs ont dû étudier de nouveaux moyens de conserver leur rentabilité et, pour cela, rechercher des innovations réductrices de coûts.

L'émergence des technologies de *Cloud Computing*[4] combinée à l'Internet haut débit ont permis la naissance d'outils collaboratifs puissants, tant pour la phase conception-entretien (par exemple, le Building Information Modeling, aussi appelé BIM) que pour le suivi de projet (gestion de projet sur le *cloud*).

Par ailleurs, l'arrivée du Smartphone a permis de diffuser de l'information sur le marché de l'immobilier à tous, à tout moment,

---

1. Notamment l'Apple II, le PC XT d'IBM.
2. Désigne les premiers acteurs de l'Internet (Yahoo!, eBay, Pets, Amazon, Rue du Commerce…) que l'on appellerait aujourd'hui des *pure players* pour désigner le développement de leur activité uniquement centré sur Internet.
3. Autodesk, Argus, Yardi, CoStar…
4. Utiliser des serveurs informatiques distants pour stocker et distribuer l'information.

gratuitement. Certains acteurs tels que Airbnb et WeWork représentent ainsi la révolution PropTech 2.0.

La PropTech 2.0 a permis de digitaliser de nombreux aspects du secteur en apportant une information accessible à tout moment, un fonctionnement collaboratif et intelligent à toutes les étapes d'un projet, une économie partagée.

PropTech 3.0

Bien que le « boom » provoqué par la PropTech 2.0 se soit essoufflé dès 2015 (moins de start-up dans la PropTech ont été créées) le financement dans les start-up du secteur reste croissant et correspond plutôt à des financements en série A, série B, voire série C et non des financements de type amorçage ou issus de *business angels*. On peut donc en conclure que l'attraction pour le secteur reste constant. Il convient à cet effet d'apporter une petite précision (bien que simplifiée) du fonctionnement des financements de start-up.

Le financement de la Tech en quelques mots

Il existe différents niveaux de financements dans le monde de la Tech.

L'objectif des entreprises de la Tech – start-up – est de conquérir le marché international le plus rapidement possible par un développement exponentiel quitte à fonctionner à perte (c'est généralement le cas, bien que l'approche de rentabilité varie selon les entrepreneurs). Afin d'atteindre le seuil de rentabilité, les start-up doivent nécessairement développer leur offre rapidement afin de conserver leur avancée (technologie et timing) au niveau mondial et, pour ce faire, ont besoin d'argent.

Généralement, ce sont les fonds d'investissement aussi appelés « capital-risques » qui investissent dans des start-up, tous secteurs confondus. Ces investissements sont communément appelés « levées de fonds » et évoluent en fonction de différents « tours de table ». Voici la description des principaux types de levées de fonds :

- *crowdfunding* : fonds obtenus *via* des plateformes de financement participatif dont le montant varie selon les projets ;

- amorçage : aussi appelé *seed*, de 100 000 à 300 000 euros obtenus par la famille, les amis ou les « fous[1] » ;

- *business* et *super angels* : financement d'anciens entrepreneurs à succès ou d'investisseurs indépendants allant généralement de 300 000 à 3 millions d'euros ;

- séries A : c'est ici que les fonds d'investissement entrent en jeu en injectant de 1 à 5 millions d'euros ;

- séries B : de 2 à 10 millions d'euros en moyenne ;

- séries C : d'une dizaine à plusieurs centaines de millions d'euros[2].

On peut aller jusqu'à des séries D, E, F.

À noter que les lettres se réfèrent à la « série » de levée correspondant au type d'action injecté au capital social de l'entreprise.

L'apparition d'une PropTech 3.0 semble guidée depuis 2015 par : la pression généralisée exercée sur les questions environnementales et sanitaires, l'urbanisation rapide des pays en forte croissance démographique (Chine, Inde, pays du continent africain…), la maturation des technologies de l'Internet des Objets *(Internet of Things, IoT)*, d'intelligence artificielle (IA), notamment le *Machine Learning*[3], et de blockchain, etc.

En quoi la blockchain contribue-t-elle à la PropTech 3.0 ?

---

1. Dans le milieu des start-up, on parle des FFF : *Friends, Family, Fools* pour énoncer le profil d'investisseur en phase d'amorçage.
2. Nathan Reiff, « Series A, B, C Funding: How it works », 5 mars 2020, *Investopedia*.
3. Branche spécifique de l'intelligence artificielle qui permet de créer des systèmes auto-apprenants par empirisme.

Afin de vous donner un avant-goût de ce qui va suivre dans l'ouvrage, je vous propose de lire brièvement l'avis du cofondateur de Masteos sur l'intérêt de la blockchain dans l'immobilier.

L'analyse de Tanguy de Ferrières, COO de Masteos

« Je pense qu'effectivement, l'immobilier est le secteur qui est le plus disruptable avec la technologie blockchain : d'une part, parce que c'est un des secteurs les plus médiévaux qui a été assez mis de côté par l'innovation ; d'autre part, l'actif immobilier est le moins liquide qui existe. Si l'on combine ces deux aspects que ce soit pour les transactions, le suivi notarial, le crowdfunding, le marché secondaire, sur la certification BIM, sur la gestion locative, etc. C'est incroyable, on se rend compte qu'il y a une quarantaine de cas d'usage sur l'immobilier. »

L'immobilier a entamé sa digitalisation et il semblerait que la blockchain soit indispensable pour la mener à bien.

Réduire les coûts et délais des transactions

Apporter de la transparence au secteur semble être une nécessité car bien que l'information soit plus ouverte et mieux diffusée au grand public, elle manque de fiabilité puisqu'elle est généralement incomplète. Par ailleurs, la notion d'authenticité de l'information est au cœur de ce changement 3.0 car le 2.0 a ouvert l'échange d'informations sans en garantir l'authenticité. De plus, le nombre croissant d'intermédiaires de transaction augmente le nombre d'interactions et en conséquence les délais, tout en contribuant potentiellement à une augmentation des coûts. La blockchain apporte une transparence et plus de confiance dans la transaction d'un bien pour ainsi réduire ces coûts et les délais.

Faciliter l'accès à la propriété et démocratiser l'investissement immobilier

Accéder à la propriété reste malgré tout impossible pour une part importante de la population, qu'il s'agisse d'une résidence principale ou d'un achat destiné à l'investissement. En effet, l'accès à l'investissement est assez limité puisqu'il requiert de généralement posséder un certain volume de liquidités prêtes à être investies. L'investissement immobilier est malheureusement encore à ce jour limité à un cercle restreint de la population. Et l'accès à la résidence principale reste encore très coûteux pour bon nombre d'individus.

La blockchain apporte une valeur ajoutée importante dans l'investissement, qu'il s'agisse d'accès à la propriété ou d'un achat destiné à l'investissement.

Optimiser la gestion

Être simplement propriétaire ou encore bailleur est un travail parfois complexe et chronophage. De même, l'expérience locative est parfois difficile, et ce avant même de louer un bien. Par ailleurs, il reste encore aujourd'hui compliqué pour beaucoup d'accéder à la location d'un bien dans des conditions décentes, notamment dans les zones immobilières où le marché est relativement tendu. Enfin, lorsque l'on parle de gestion, on parle aussi d'actif immobilier qu'il faut entretenir, et cela englobe de nombreux aspects lorsque l'on ne détient pas seulement un bien mais tout un parc immobilier.

La blockchain permet de fluidifier la gestion globale d'un bien pour les propriétaires institutionnels, les propriétaires particuliers, les bailleurs, les locataires ou encore les mandataires.

Accélérer la transformation du secteur par les convergences technologiques

La question environnementale concerne pleinement le secteur immobilier puisqu'un bâtiment n'est pas seulement une construction, mais aussi une présence physique à long terme qui impacte un lieu et ses zones environnantes en touchant de multiples aspects : urbanisme, énergie, propriété, transport, eau, populations et mixité sociale, architecture… D'après le *Fibree Industry Report Blockchain Real Estate 2019*[1] l'industrie de la construction est responsable de 40 % de l'utilisation d'énergie globale et la réalisation de bâtiments représente 50 % de la totalité des matières premières en circulation dans le monde. Un bâtiment n'est plus simplement un élément qui reste inchangé pendant toute sa durée de vie, il devient un élément évolutif qui se doit d'être constamment respectueux de l'environnement – cela est renforcé par l'usage de diagnostics de performances électriques, thermiques ou encore par l'introduction en France du carnet numérique du logement obligatoire dès le 1er janvier 2020 pour toutes constructions neuves (permis déposé à partir de cette date) puis pour tous logements et immeubles existants faisant l'objet d'une mutation à partir de 2025 (loi ELAN[2]). La diversité et la complexité des informations à collecter nécessitent une fluidification et une certification du traitement des données collectées : c'est l'autre promesse de la blockchain.

---

1. En français, «Rapport de l'industrie blockchain appliquée à l'immobilier 2019». Fibree est une organisation présentée dans 23 pays qui regroupe différents professionnels du milieu immobilier et les enthousiastes de la blockchain. Jo Bronckers, Jan Veuger, Alexander Appelmans, Tomica Cesar, Sagar Brahmbhatt, *Fibree Industry Report Blockchain Real Estate 2019*, 2019, Fibree.
2. Loi n° 2018-1021 du 23 novembre 2018 portant évolution du logement, de l'aménagement et du numérique, article 182.

Enfin, les technologies telles que l'intelligence artificielle ou l'Internet des Objets sont en pleine phase de développement. En effet, l'intelligence artificielle va bouleverser l'économie ; il est notamment estimé que, d'ici à 2027, les machines effectueront 80 % des tâches répétitives et chronophages pour multiplier la productivité et l'innovation par 3[1]. De plus, il est estimé que l'intelligence artificielle aura un impact de 13 000 milliards de dollars d'ici à 2030 dans l'économie mondiale[2].

L'Internet des Objets pourrait de même fortement fluidifier la mobilité urbaine et rurale, faciliter les services, contribuer au développement de la domotique, améliorer la gestion des déchets, accroître l'efficacité de la distribution énergétique. Le cabinet d'études McKinsey estime que l'IoT aura un impact économique mondial estimé de 11 000 milliards de dollars d'ici à 2025[3].

Par ailleurs, d'après le rapport du Forum économique mondial de Davos de septembre 2015[4], il est estimé que 10 % du PIB mondial sera stocké en utilisant les technologies blockchain d'ici à 2027.

La blockchain permet de stocker et sécuriser les échanges de données de l'Internet des Objets tout en permettant à l'intelligence artificielle de travailler sur une base saine de travail propice à l'automatisation.

---

1. FuturaCorp, *Artificial Intelligence and the Freedom to be Human*, Rapport IPSoft, janvier 2017.
2. Jacques Bughin, Jeongmin Seong, James Manyika, Michael Chui, Raoul Joshi, *Notes from the AI frontier: modeling the impact of AI on the world economy*, McKinsey & Company, septembre 2018.
3. James Manyika, Michael Chui, Peter Bisson, Jonathan Woetzel, Richard Dobbs, Jacques Bughin, and Dan Aharon, *Unlocking the potential of the Internet of Things*, McKinsey Digital, juin 2015.
4. *Deep shift: Technology tipping points and societal impact*, World Economic Forum, septembre 2015, weforum.org

Ainsi, la blockchain est complémentaire à l'usage de ces deux technologies et fonctionnerait comme la première brique essentielle à la digitalisation de l'immobilier.

Pour résumer

La blockchain est une technologie décentralisée qui utilise des fonctions de cryptage pour sécuriser, fiabiliser et transférer l'information au sein d'un réseau dans lequel la confiance est distribuée *via* des algorithmes mathématiques se soustrayant de cette façon de tiers de confiance. Les technologies blockchain permettent de distribuer la confiance, de fluidifier les transactions de tout ordre et permettent de créer une notion de « valeur numérique ».

La digitalisation du secteur de l'immobilier est relativement récente et a déjà eu lieu en deux étapes clés : les années 1980 et 2008. Aujourd'hui, les multiples enjeux auxquels le monde fait face, notamment en termes de croissance démographique, laissent entrevoir une troisième vague révolutionnaire dans le secteur de l'immobilier portée, entre autres, par les technologies blockchain.

Ainsi, la blockchain va contribuer à la mutation 3.0 de l'immobilier en apportant au secteur principalement cinq composantes à forte valeur ajoutée :

• réduire les coûts et délais des transactions ;

• démocratiser l'investissement immobilier et faciliter l'accès à la propriété ;

• optimiser la gestion immobilière ;

• accélérer l'évolution du secteur par sa convergence avec les autres nouvelles technologies.

Chapitre 2

Rationaliser les délais et les coûts de transaction

« La blockchain est une technologie intéressante qui aura des applications profondes dans la société pour les prochaines années. »

Kenneth C. Griffin,
gérant du hedge fund Citadel LLC,
un des fonds d'investissement
avec les meilleurs retours
sur investissements au monde

Profiter d'une crise sanitaire pour repenser la transaction immobilière

Selon le site officiel des Notaires de France[1], ce sont 1 063 000 transactions qui ont été enregistrées d'octobre 2018 à octobre 2019, soit une augmentation de 10,6 % par rapport à la dernière année à la même période.

En proportion du nombre de logements disponibles (qui augmente de 1 % par an) sur le marché, ces chiffres reflètent les performances des années 2000. Le nombre de transactions ne devait *a priori* pas diminuer de sitôt.

Toutefois, le marché a subi un brutal coup d'arrêt dès l'annonce du confinement due à la pandémie du coronavirus en mars 2020 en France.

Là où la dynamique de marché des mois avant confinement laissait présager un marché immobilier affichant un nombre de transactions à la hausse, la situation est aujourd'hui incertaine. Des prévisions d'évolution de marché dans la bonne direction pourraient se produire à de multiples conditions : pas de recrudescence du virus, autorisation des déménagements possibles, pouvoir d'achat stabilisé, regain de confiance en l'immobilier… En réalité, quels que soient les secteurs, la situation reste la même puisque la crise sanitaire que nous connaissons aujourd'hui n'a pas son pareil depuis un siècle.

---

1. https://www.notaires.fr/fr/immobilier-fiscalité/prix-et-tendances-de-limmobilier/analyse-du-marché-immobilier

Pour autant, cette crise, bien que catastrophique pour l'économie à moyen terme, est une occasion sans précédent pour les professionnels de l'immobilier de repenser leur travail.

Nous l'avons dit dans le chapitre précédent, l'immobilier est un des secteurs économiques les plus archaïques. Quoi de mieux, donc, qu'une urgence économique pour repenser le système ?

Des révolutions sont certes arrivées (PropTech 1.0 et 2.0), mais il n'y a encore que peu d'acteurs qui sont réellement parvenus à la seconde phase.

Le marché de l'immobilier évolue simplement au gré de l'offre et de la demande sans pour autant changer fondamentalement de visage.

Aujourd'hui, notaires, agents immobiliers, avocats, experts, banques, assurances, etc., sont encore des acteurs qui jouent un rôle essentiel dans une transaction immobilière. Bien entendu, ils ont chacun un rôle précis à jouer, mais leur rôle peut-il être amélioré ? Est-il indispensable aux intéressés : acheteur et vendeur ?

Vendre un bien est un apport pour son détenteur, il gagne une liquidité. L'acheteur, lui, gagne un toit. Mais toute la démarche pour obtenir ce résultat génère des frais qui, cumulés, atteignent des montants relativement importants lors d'une transaction.

Un marché qui profite aux intermédiaires

Les transactions immobilières sont amenées, sur le long terme, à être de plus en plus courantes et probablement importantes en termes de montant et volume (croissance démographique et urbanisation croissante obligent). Cela va probablement ravir les multiples intermédiaires d'une transaction immobilière, mais les acquéreurs et les vendeurs ne pourront pas en dire autant.

Le nombre d'acteurs présents pour la réalisation d'une transaction immobilière est en effet considérable : le vendeur, l'acheteur, une plateforme de mise en relation (potentiellement), un agent immobilier (potentiellement), un notaire, une compagnie d'assurances et une société dépositaire, un expert habilité à réaliser des diagnostics techniques du bien, le syndicat de copropriété s'il s'agit d'un bien en copropriété, un établissement bancaire habilité à conférer un financement (prêts, fonds propres), l'État (publicité foncière), un avocat (potentiellement), un promoteur (potentiellement).

On peut de même assister à la montée en force de métiers tels que les courtiers en travaux, les courtiers bancaires, les courtiers en assurances, les chasseurs d'appartements, les assureurs en prêts immobiliers, etc.

Cette multitude d'intermédiaires engendre parfois des comportements peu louables lors de relations contractuelles. Il se peut, par exemple, qu'un agent immobilier surévalue la valeur d'un bien afin de percevoir une commission plus grande lors de la vente[1]. Une opacité de marché immobilier est encore présente en France et favorise ce type de comportement puisque l'acheteur n'a pas de référence précise sur la valeur du bien qu'il souhaiterait acheter.

À titre informatif, on décompte en France plus de 30 000 agences immobilières[2] en 2019, 15 210 notaires en mars 2020[3] (Notaires de France), 5 110 entreprises de diagnostic immobilier en 2018 – le nombre ne cesse de croître depuis 2012 pour atteindre un

---

1. Nathalie Coulaud, «Dans l'immobilier, la révolution de la transparence des prix est en marche», *Le Monde*, 3 mai 2019.
2. Immobilier 2.0, «Chiffres et statistiques du marché immobilier français», 2019.
3. Notaires de France, Le notariat en chiffres, 22 avril 2020.

plateau prévisionnel de 6 %/an[1] –, 271 compagnies d'assurances en 2017 – un nombre en baisse constante depuis 2005[2].

Ci-après, un schéma qui décrit la présence des acteurs au sein des étapes clés d'une transaction.

Étapes clés et principaux acteurs de la transaction immobilière

---

1. Xerfi, « L'essor du marché des diagnostics immobiliers à l'horizon 2022 ».
2. Statista, « Nombre d'entreprises opérant sur le marché de l'assurance en France de 2014 à 2017 ».

Il y a transaction lorsqu'un vendeur et un acheteur trouvent un accord contractuel sur les conditions de transmission d'un bien. Pour qu'une transaction immobilière ait lieu, certaines étapes sont indispensables.

Il est tout d'abord nécessaire que le possesseur du bien manifeste un désir de vendre ce dernier, c'est à cette condition qu'il prend le statut de vendeur. Cette décision de procéder à la vente peut être entièrement à l'initiative du vendeur ou ce dernier peut demander à un tiers d'endosser tout ou partie de la commercialisation.

C'est là qu'interviennent généralement les agents immobiliers et/ou les plateformes de mise en relation (Le Bon Coin, PAP, Se Loger…). Ces acteurs permettent au vendeur de disposer d'une expertise et d'une visibilité de son bien sur le marché pour ainsi trouver un acheteur.

Une fois qu'un acheteur s'est manifesté et qu'un accord est trouvé sur le prix, le notaire intervient pour formaliser un compromis de vente (il est possible que le notaire n'intervienne pas à cette étape car le compromis de vente n'est pas obligatoire) et, par la suite, un acte de vente. Le notaire a, tout au long du processus de vente, pour vertu de représenter l'État, il est garant de la bonne formalisation du contrat entre acheteur et vendeur. Pour jouer ce rôle correctement, il est tenu de collecter toutes les pièces ayant trait au bien, aux parties et à la transaction. Pour mener à bien cette collecte, il doit s'assurer que :

- l'acheteur entreprenne les actions nécessaires pour financer son acquisition (prêt, apport en fonds propre, souscription à une assurance…) ;

- le vendeur dispose des documents techniques du bien (expertises notamment) et éventuellement de copropriété.

Le notaire fait enfin procéder à la signature de l'acte de vente qu'il transmet par la suite au service de publicité foncière pour enregistrement (il s'est auparavant assuré que l'acte est en règle et qu'il dispose de toutes les annexes et informations nécessaires). Une fois l'acte signé, la vente a lieu. L'officialisation au service de publicité foncière prend généralement forme un an après.

Le processus de vente d'un bien n'est pas toujours facile et peut parfois prendre un certain temps. Cela peut être dû à des éléments techniques ou pratiques : une mauvaise dénomination cadastrale, une expertise du bien à renouveler, une mauvaise diffusion des informations, un document d'un intermédiaire toujours en attente, etc. De même, vendre un bien nécessite une certaine expertise qui devient d'autant plus complexe lorsque le bien est unique. Plus la vente autour d'un bien est complexe, plus il y a besoin d'intermédiaires.

En réalité, cette multiplicité d'intervenants est due notamment à un élément important : un bien immobilier n'est pas un bien fongible, c'est-à-dire qu'un bien ne ressemble jamais à un autre (localisation, environnement, vue, qualité des matériaux, histoire…). La valorisation d'un bien ainsi que tous les éléments le définissant sont uniques, ce qui nécessite de faire appel à des experts.

Cette particularité du bien immobilier conduit acheteur comme vendeur à accorder beaucoup de temps et d'argent pour missionner des intermédiaires, obtenir des financements, souscrire à des garanties et transférer des informations.

Pour qu'une vente se passe bien, il est nécessaire que tous les intervenants d'une transaction se fassent confiance. Un notaire est en général de « famille » justement parce qu'une famille lui a accordé sa confiance durant plusieurs générations. De la même manière, on ne souhaite pas confier son bien à n'importe quel agent immobilier, il faut que l'on puisse faire confiance à ce dernier, être sûr qu'il fera tout son possible pour vendre le bien, mais aussi pour ne pas abuser sur le prix de ce dernier à des fins personnelles. L'achat d'un bien n'est pas qu'une affaire d'argent, c'est aussi une affaire de confiance.

Rationaliser les délais en optimisant la diffusion d'information et la praticité

La diffusion de l'information est rendue difficile par la multiplicité des acteurs.

Il est important de comprendre que chaque intermédiaire identifié précisément doit pouvoir échanger des informations tout au long de la transaction. Toutes les parties doivent ainsi disposer de la bonne information dès que possible afin de fluidifier la vente au mieux.

C'est pour cette raison que la perte d'information constitue un risque non négligeable qui peut mener à des erreurs de tous types susceptibles de ralentir, voire d'empêcher, l'aboutissement d'une transaction.

Pourtant, nombreuses sont les interactions lors d'une vente de bien. La majorité des informations sont directement diffusées aux acheteurs et vendeurs. Généralement, dans un projet immobilier d'achat/de vente, on s'efforce de centraliser les informations auprès d'un seul interlocuteur. Il se peut que le notaire ou l'agent immobilier ait un rôle central dans cette diffusion d'information. Quoi qu'il en soit, plus il y a d'intermédiaires, plus il y a de chances que cela devienne anarchique. En effet, plus il y a d'acteurs et plus il faut s'atteler à diffuser l'information aux bonnes personnes, au bon moment tout en tenant à jour tous les participants de l'évolution du dossier.

En pratique, les informations et les échanges doivent avoir lieu presque entre tous les acteurs puisque chaque intermédiaire apporte potentiellement une information à l'autre. C'est principalement par facilité que les interlocuteurs s'échangent directement les informations entre eux car il y a un nombre important de frictions dans le déroulement d'une vente.

Il est nécessaire de comprendre que ce type de situation peut ne pas se produire si les règles sont claires dès le départ. Un des moyens est de justement nommer un intermédiaire responsable de la collecte et de la gestion de l'information (agent immobilier, notaire…), mais cela peut engendrer une rémunération supplémentaire. Toutefois, nommer un responsable de la diffusion d'informations n'est pas suffisant, échanger avec un ou plusieurs interlocuteurs prend du temps, transférer un document prend du temps, analyser des informations sur une vente prend du temps. C'est un processus long qui en réalité fait perdre du temps à tout le monde.

La praticité est régulièrement mise à l'épreuve.

Très souvent, la lourdeur administrative participe à cette diffusion d'échange anarchique puisqu'il s'agit d'aller au plus vite pour obtenir les documents essentiels à la réglementation.

De plus, si un intermédiaire transmet une pièce incomplète, le vendeur devra lui demander de nouveau et la transmettre au notaire. Celui-ci devra ensuite prendre le temps de la consulter afin de vérifier sa conformité et si cela n'est pas le cas, le processus peut recommencer encore et encore.

Le notaire a, par ailleurs, un nombre conséquent de dossiers à gérer. Le formalisme de sa profession impose d'accorder du temps à l'examen des pièces et à la rédaction des éléments, ce qui ne participe clairement pas à la réalisation d'une transaction rapide.

Généralement, il faut compter de cinq à six[1] mois pour réaliser une transaction depuis la mise en vente de son bien jusqu'à la

---

1. Nathalie Giraud, «Les délais à connaître lors de la vente », *De Particulier à Particulier*, 21 novembre 2017.

signature de l'acte de vente définitif, mais cela dépend fortement du marché (rural ou urbain, zone immobilière tendue ou non…) et des imprévus. Ces derniers sont relatifs à l'expertise technique qui peut révéler des problèmes sur le bien et sur sa mise en conformité, sur un mauvais renseignement concernant le nombre de propriétaires d'un même bien, sur un refus de vente de dernière minute motivé par l'un des copropriétaires, etc.

Évidemment, la problématique de la diffusion de l'information reste essentielle. La blockchain permet, à la fois, à tous les acteurs du projet d'avoir accès à la bonne information, au bon moment, et d'avoir une visibilité complète sur l'historique du bien de façon fiable et entièrement sécurisée. La blockchain est ainsi garante de l'information diffusée. De plus, une des particularités de la blockchain étant de créer un registre d'information immuable et infalsifiable, elle est de même un moyen de générer de la confiance au sein d'une transaction. Faire intervenir la blockchain dans les transactions immobilières mettrait fin à ce qui est communément appelé l'« asymétrie informationnelle » et réduirait radicalement les délais de réalisation d'une transaction.

Réduire les coûts d'une transaction pour l'acheteur et le vendeur

La présence d'intermédiaires a une conséquence directe sur le prix d'acquisition d'un bien : l'agent immobilier prend une commission lorsqu'il réalise une vente, tout comme la plateforme de mise en relation, le notaire est payé pour le travail qu'il réalise, l'enregistrement de la transaction à la publicité foncière a un coût, l'intervention d'un expert pour un ou plusieurs diagnostics peut coûter cher, la contraction d'un prêt à la banque engendre des frais de gestion et des frais financiers…

Ces différentes charges sont en partie à la charge de l'acheteur et en partie à la charge du vendeur.

L'acheteur paie les actions administratives et financières.

Les frais notariés sont à la charge de l'acquéreur du bien et le coût estimé varie de 1,9 à 8 %[1] (émoluments, droits de mutation, contribution de sécurité immobilière, rémunération du notaire compris) de la valeur du bien, soit 5 700 € à 24 000 € pour un bien de 300 000 €, ce qui n'est pas négligeable.

Par ailleurs, les frais bancaires sont multiples : frais de dossiers (0,4 à 1 % du montant du bien souhaité), garanties bancaires qui prennent la forme de l'hypothèque ou de la caution (généralement 1 % du montant du prêt), assurance-crédit (généralement 0,30 %)[2].

Le vendeur paie la technique et la commercialisation.

Si le vendeur choisit de faire appel à un expert immobilier pour définir la valeur de son bien, la prestation peut varier de 150 à 3 000 € selon les prestataires et le niveau de précision demandé.

On peut compter entre 500 et 1 000 € pour la réalisation des diagnostics immobiliers obligatoires.

Un agent immobilier peut prendre de 4 à 8 % du montant de la transaction (ce qui comprend souvent l'estimation de la valeur du bien) et une plateforme de mise en relation de 1 à 2 %[3]. Généralement, les honoraires de l'agent immobilier sont à la

---

1. La variabilité de ces taux peut être due à plusieurs critères : assujettissement à la TVA, statut du vendeur (particulier, entité publique ou professionnelle), bien neuf ou ancien, montant du bien (car la rémunération du notaire fonctionne par tranches).
2. Pierre Chevillard, « Les frais annexes du crédit immobilier », *De Particulier à Particulier*, 18 juin 2019.
3. Fabien Bordu, « Immobilier : mieux vaut-il vendre seul ou en passant par un intermédiaire ? », *Capital*, 29 octobre 2019.

charge du vendeur, mais il existe des cas où c'est l'acheteur qui doit s'en acquitter.

Enfin, le vendeur peut, dans certains cas, avoir à s'acquitter d'une partie des frais de copropriété.

Bien que tous ces frais puissent à la fois concerner le vendeur ou l'acheteur, les intermédiaires coûtent globalement 10 %[1] du montant d'une transaction immobilière respectivement pour les deux parties souhaitant commercer entre eux (hors impôts et taxes).

La vertu inhérente de la blockchain est celle de remplacer les tiers de confiance par un algorithme. Au vu du nombre d'intermédiaires et de leurs coûts, il se pourrait qu'elle ait réellement un rôle central dans la réduction drastique des frais transactionnels.

En réalité, qu'en est-il ?

Pour le savoir, nous allons nous intéresser à la transaction immobilière sous trois versants :

- commercial : l'agent immobilier, la plateforme de mise en relation et la copropriété ont un rôle à jouer dans la réalisation ainsi que dans l'aboutissement d'une transaction ;
- étatique ou administratif : le notaire et la publicité foncière sont indispensables pour faire de l'achat/vente une réalité légale gravée « dans le marbre » ;
- technique et financier : la banque, l'assurance, la société de caution et l'expert technique permettent d'apporter à la transaction des éléments relatifs aux conditions et financements de l'acquisition d'un bien.

---

1. Avec l'hypothèse d'un bien à 300 000 € TTC.

REBATTRE LES CARTES DE LA TRANSACTION COMMERCIALE

Fluidifier le transfert d'informations pour les agents immobiliers

L'agent immobilier occupe une place de plus en plus importante[1] dans la réalisation des transactions. C'est un mandataire de vente ; il est mandaté soit par le propriétaire vendeur, soit par le propriétaire bailleur.

Il a deux rôles principaux : mettre en relation acheteur et vendeur, conseiller et négocier. L'agent immobilier est déjà concurrencé par des plateformes de mise en relation (PAP, Le Bon Coin), mais a pourtant toujours sa légitimité car il effectue beaucoup de tâches que le vendeur, lui, est rarement en capacité de réaliser (le temps et la compétence en étant souvent la cause) : évaluation du bien, photos, contrôle de solvabilité de l'acquéreur, gestion des visites, définition des attentes acheteur, organisation du compromis de vente, collecte des pièces, signature chez le notaire, négociation… Il assure la bonne concrétisation de la transaction pour le compte du vendeur. Contre son service, il obtient une commission sur la vente du bien (payé par défaut par l'acheteur sauf mention contraire).

On confère souvent à l'agent immobilier le rôle de centralisateur de l'information et d'interface avec les différents intermédiaires pour le compte du vendeur. Les technologies blockchain pourraient trouver leur utilité dans l'exercice de ce rôle.

---

1. Selon une étude menée sur 3 992 biens, en 2015, 77 % des transactions ont eu lieu *via* un agent immobilier contre 30 % en 1980 et 50 % en 2000. Lorris Lebbuy, « Agents immobiliers et révolution numérique : état des lieux », Real Estech.

Comme nous l'avons expliqué plus tôt, l'asymétrie information-nelle est un enjeu capital qu'il convient de traiter au mieux afin de garantir un traitement rapide de la transaction immobilière.

Il s'agit, entre autres, de s'assurer du transfert d'informations, c'est-à-dire d'être certain que les informations ont été transmises aux bons interlocuteurs, au bon moment et que chacun dispose du degré d'information nécessaire.

De même, cela consiste en l'obtention d'une vision totale-ment transparente sur le suivi de la transaction : documents manquants, documents validés, documents en cours de traite-ment, etc.

La blockchain répond à cet enjeu de par sa nature même : elle est infalsifiable et permet l'horodatage (qui a déposé quoi et quand). De nombreuses start-up ont misé leur développement sur le déploiement d'une solution qui permet de s'assurer du bon transfert de la bonne information. Nous allons nous foca-liser ici sur Propy.

Propy

La start-up Propy[1] cherche à faciliter le rôle de l'agent immo-bilier. Pour l'instant uniquement active aux États-Unis, cette start-up fournit aux agents immobiliers un outil qui met en relation tous les acteurs liés de près ou de loin à la transac-tion d'un bien. Celui-ci permet aux agents immobiliers d'être informés en temps réel de l'évolution du dossier dans toutes ses composantes (documents, signatures, provenance...). La promesse de Propy s'appuie sur trois versants : des transac-tions 100 % sécurisées sur la blockchain ; une collaboration entre les acteurs avec l'usage de la signature électronique (DocuSign) ; des rapports d'analyse sur la progression des ventes. Propy agit comme un outil de simplification de gestion pour l'agent immobilier.

---

1. https://propy.com/browse/

> Loin de supprimer son rôle comme on pourrait le supposer, la blockchain avec Propy va aider l'agent immobilier dans la fluidification de son travail.

Ici, la blockchain sert en réalité à placer l'agent immobilier au centre de la transaction immobilière. Son rôle de conseiller va alors se retrouver renforcé puisqu'il dispose d'outils qui lui permettent de visualiser en temps réel le déroulement d'une transaction.

Pour autant, une des difficultés du métier est probablement liée à la difficulté de possession de données valides.

Fiabiliser les informations des agences immobilières

La blockchain pourrait participer à la création d'une base de données commune. La vente d'un bien par une agence immobilière serait immédiatement apparente sur la blockchain de même que la revalorisation du prix du bien si elle a lieu.

La blockchain permet d'avoir un flux d'informations fiable. Un bien enregistré dans la base de données détient une identité propre, dès qu'il entre dans une phase transactionnelle, il est transféré automatiquement et donc sorti de la base de données relative aux biens disponibles. Les informations concernant un même bien ne pourraient par conséquent être intégrées qu'une seule fois au sein d'une plateforme.

De la même manière, les agents immobiliers et experts immobiliers – bien qu'ils disposent d'outils et astuces pour expertiser – peuvent valoriser un bien d'une façon différente selon leur degré d'appréciation dudit bien. Par exemple, un agent peut choisir d'accorder plus de valeur à la « vue sur mer » alors que l'autre pourra préférer valoriser la « vue sur montagne », ou encore accorder plus d'importance à la vue sur rue (car celle-ci est dans un emplacement préférentiel ou encore parce qu'elle témoigne d'une architecture particulière) alors que l'autre pourra valoriser la vue sur cour (pour sa tranquillité ou son jardin intérieur). On peut de même valoriser un extérieur de façon différente selon s'il s'agit d'une terrasse, d'une terrasse couverte, d'une loggia, d'un balcon. Cela peut avoir des conséquences directes sur la valorisation du bien. En effet, accorder plus de valeur à une vue plutôt qu'à une autre aura forcément un impact sur le prix d'un bien. De la même manière, considérer qu'une donnée est plus importante qu'une autre entraîne des différentiels de saisie et une diffusion partielle de l'information sur le bien, ce qu'on cherche à tout prix à éviter !

La blockchain permet la mise en place d'une base de données commune d'information mais aussi d'analyse d'un bien. Avec la blockchain, quel que soit l'agent immobilier, la valeur du bien pourrait être définie par les mêmes critères d'évaluation et surtout leur même pondération. Nous allons nous intéresser tout particulièrement à une start-up qui cherche à surmonter la problématique liée à la redondance, l'inexactitude des données disponibles sur les biens immobiliers.

Imbrex

La start-up Imbrex[1] est particulièrement intéressante. Il existe des bases de données communes auxquelles différents agents immobiliers peuvent accéder. Souvent, ces bases de données trouvent leurs limites géographiques (régions ou pays) et ne dépassent jamais les frontières.

Elles ont, de plus, un coût pour les agents immobiliers qui paient pour accéder à une base de données commune de biens. Toutefois, ces bases de données comprennent souvent

---

1. https://imbrex.io

des redondances de biens. L'autre objectif d'Imbrex est de pallier cette problématique. De même, l'accès à cette plateforme est gratuit.

L'entreprise part du principe que les données étant décentralisées et propres à chaque utilisateur, il n'y a pas de raison de faire payer. Enfin, la plateforme est globale et inclut donc tous les pays du monde.

Imbrex fonctionne comme une plateforme intégrant entièrement les acteurs principalement concernés par la transaction, à savoir l'acheteur/le locataire, le vendeur/bailleur. Contrairement à Propy, l'objectif d'Imbrex est de supprimer entièrement l'existence des autres tiers de confiance. Les participants à la transaction relient directement leur compte bancaire à l'interface et effectuent suivi et paiements relatifs à l'action entreprise sur le bien. Ils restent les seuls acteurs de la transaction. Bien sûr, si le vendeur est une agence, il est possible pour elle d'utiliser la plateforme. Toutefois, les seuls à détenir un pouvoir d'attribution de tâches, d'ajout d'intermédiaires sont le vendeur ou l'acheteur.

L'objectif est en réalité de suivre en temps réel l'évolution de la transaction.

Comment la plateforme fiabilise-t-elle ses échanges ?

Imbrex possède sa propre cryptomonnaie qui détient trois vertus principales :

• chaque membre du réseau (banque, agent immobilier, individus) est récompensé pour le transfert de données sur le réseau ainsi que pour la vérification de leur véracité. Ces derniers permettent la normalisation des données immobilières ;

• séquestre : un système de séquestre est disposé à l'intérieur même de la plateforme *via* l'usage du REX (cryptomonnaie de la plateforme) ;

• chaque individu, pour être récompensé par la plateforme, peut aussi participer au « nettoyage » des données. Cela est indispensable pour avoir une information toujours à jour et unique sur un bien. Un vote communautaire a lieu pour déterminer l'exactitude de l'information relative au bien.

La création d'une base de données commune *via* la blockchain illustrée notamment par Imbrex aura une conséquence pour les plateformes de mise en relation car l'approche véhiculée par la blockchain est en rupture avec leur fonctionnement.

La décentralisation pour repenser les plateformes de mise en relation

Avec la blockchain, les plateformes de mise en relation telles que Le Bon Coin[1] et PAP pourraient être remises en question. En effet, le flux de visiteurs qu'elles attirent chaque jour leur permet d'analyser un nombre important de données utiles aux agents immobiliers et aux vendeurs.

Mais ces plateformes disposent pour cela de serveurs destinés à centraliser la donnée. Par définition, la plateforme de mise en relation détient toutes les informations relatives à un bien et à son détenteur, ce qui soulève la question de la confidentialité des données.

Des plateformes comme Propy ou Imbrex pourraient sérieusement remettre en question l'existence de ces plateformes de mise en relation. L'existence d'un organisme centralisateur qui se rétribue par des abonnements, des fonctionnements publicitaires et un accès à la donnée peut être remise en cause. On peut penser à une plateforme qui ne détient pas le monopole des données, mais qui permet plutôt leur distribution aux bonnes personnes et au bon endroit grâce à l'usage de nœuds *(cf. p. 21)*. De même, lorsqu'un organisme centralise toute la donnée, il

---

1. 90 % des recherches immobilières commencent par Internet. Stéphanie G. Caron, « Les statistiques les plus percutantes pour faire valoir votre offre de service auprès de vos acheteurs/vendeurs », Immobilier 2.0, 6 mai 2016. 70 % passent par Le Bon Coin à un moment ou un autre du processus. À vendre à louer, « La Data leboncoin : un outil pour comprendre vos prospects », 17 décembre 2018.

y a plus de chance de perdre ces données en cas de chute du système informatique détenu par une entité.

Les coûts d'usage de ce type de plateforme pourraient être fortement réduits du fait de la non-centralisation des données. Seuls les nœuds concernés par la transaction seraient rétribués pour avoir fourni leur ressource informatique, ce qui a une conséquence directe en termes de coûts.

De plus, la blockchain permet un contrôle et un suivi des données par ses utilisateurs, et ce avec fiabilité. En effet, les utilisateurs pourraient choisir s'ils souhaitent diffuser les informations relatives à leur identité ou à leur bien au sein de réseaux blockchain, aucun organisme central n'en détiendrait le monopole.

Certains agents immobiliers utilisent déjà des solutions comme celles proposées par Propy parce qu'elles permettent de fluidifier la circulation d'informations, de fiabiliser la qualité des informations transmises et par-dessus tout d'en assurer la confidentialité.

Par ailleurs, un bien destiné à la vente peut appartenir à une copropriété, ce qui est un élément non négligeable à envisager lors de l'achat d'un bien, tant en termes de qualité de vie qu'en termes de charges.

Simplifier la vie des acquéreurs en copropriété

Un syndicat de copropriété est chargé de la conservation et de la gestion des parties communes d'un immeuble ou d'un lotissement. Un syndicat a un rôle essentiel car il permet le bon fonctionnement de la copropriété. Il mène les prises de décision importantes telles que le ravalement de façade du bâtiment, le réaménagement du jardin partagé, les travaux sur les voiries, la réparation de locaux techniques, etc.

Pour prendre de telles décisions, le syndic met en place des assemblées générales (globalement annuelles) pour acter de la marche à suivre. En contrepartie des actions entreprises, chaque propriétaire verse des charges d'entretien à la copropriété. Les assemblées générales ont pour principales vertus de voter le budget prévisionnel des charges de copropriété.

Pour autant, même si ces assemblées générales sont annuelles, elles font face à un taux d'absentéisme extrêmement important.

Les technologies blockchain peuvent notamment permettre de développer un système de vote entièrement digitalisé et 100 % fiable.

Syment cherche à simplifier les démarches administratives relatives à la gestion de copropriété, notamment le vote de copropriétaires lors d'assemblées générales.

Syment

C'est en septembre 2018 que Syment[1] a organisé la première assemblée générale de copropriétaires *via* la blockchain[2]. La plateforme a procédé à un vote d'assemblée générale du lundi 24 septembre au vendredi 28 septembre 2018. À l'issue de cette assemblée, certaines personnes habituellement absentes aux assemblées générales ont voté. Les votes sont par la suite encryptés et inscrits dans la blockchain pour éviter toute contestation par rapport à ce qui a été convenu le jour J.

Actuellement, la législation française oblige les membres d'une copropriété à être présents physiquement lors d'une assemblée générale[3]. Toutefois, permettre aux membres d'une copropriété d'effectuer un « prévote » raccourcirait fortement le temps de réalisation d'une assemblée générale. Cela reste déjà un excellent début.

---

1. https://www.syment.com
2. Élodie Buzaud, « Syment organise la première AG sur la blockchain », Immo Matin, 3 octobre 2018.
3. https://www.legifrance.gouv.fr/affichTexte.do?cidTexte= LEGITEXT000006068256

Le syndicat de propriété a un rôle moindre dans la réalisation inhérente d'une transaction.

Une start-up telle que Syment peut cependant servir d'argument pour le vendeur afin de procéder à l'achat d'un bien en copropriété et d'envisager sa vie après la transaction.

Toutefois, pour envisager sereinement l'acquisition d'un bien, il faut s'assurer de la conformité de la transaction auprès d'acteurs étatiques, tels que le notaire et la publicité foncière, sans quoi la validité de l'acquisition peut se révéler nulle.

MODERNISER LES MÉCANISMES DE L'ÉTAT

Faciliter le stockage d'informations pour les notaires

Le métier de notaire est un métier de droit. Le notaire a pour rôle de formaliser les actes juridiques civils pour lesquels une forme particulière est prescrite par la loi. Le métier de notaire existe depuis le haut Moyen Âge, il serait né sous l'Empire byzantin, autrement appelé Empire romain d'Orient. De nos jours, le notaire a un rôle plus ou moins propre à chaque pays. En Europe, la majorité des pays définissent la profession notariale comme en France.

En immobilier français, le notaire détient le monopole sur la publication des actes de ventes immobilières. En d'autres termes, il est possible de vendre son bien sous seing privé sans notaire à une autre personne, mais le risque est de ne pas officiellement détenir ledit bien.

Le seul moyen de posséder officiellement un bien est de l'attester auprès du service de publicité foncière, tâche que seul un notaire est en droit d'exécuter puisque, étant officier ministériel, il est garant de l'authenticité d'un acte juridique.

C'est pour cette raison qu'il est nécessaire en France de faire appel à un notaire pour assurer la réalisation d'une transaction immobilière.

Quoi qu'il en soit, une transaction immobilière est très loin d'être un processus linéaire. Le notaire intervient plusieurs fois dans le processus de vente pour rédiger un compromis[1] (s'il n'est pas rédigé sous seing privé), pour procéder à la rédaction de l'acte de vente, pour signer l'acte de vente ensuite envoyé au service de publicité foncière, pour vérifier la validité de l'acte, etc.

Ces tâches s'avèrent parfois très longues et complexes selon les cas : servitudes de passage, servitudes de réseaux, copropriété, bornages litigieux, financement invalide, problèmes cadastraux…

Malgré le rôle central du notaire au sein d'une transaction immobilière, beaucoup d'évangélistes de la blockchain prétendent que cette technologie permettra de se soustraire à sa présence, engendrant ainsi une économie de temps et d'argent non négligeable. Qu'en est-il réellement ?

Pour rappel, un notaire a pour obligation de conserver les actes pour une durée minimale de soixante-quinze ans[2]. Cette durée peut s'élever à cent ans lorsque l'acte concerne une personne mineure. Cette responsabilité est propre à chaque notaire et à ses successeurs respectifs.

Conserver soixante-quinze ans d'archives peut être réellement encombrant notamment dans de grandes villes (telles que Paris)

---

1. La rédaction préalable du compromis de vente par le même notaire peut fortement faciliter la rédaction de l'acte de vente final et peut-être anticiper d'éventuelles erreurs.
2. https://paris.notaires.fr/fr/actualites/le-saviez-vous-la-conservation-de-vos-actes-par-le-notaire

où le coût des espaces est cher. C'est notamment pour cela que le développement de l'acte authentique électronique est en cours grâce au MICEN (minutier central électronique des notaires de France) qui assure conserver 750 000 actes dématérialisés en 2015.

Le notaire a par ailleurs une charge de travail importante car rédiger un compromis ou un acte de vente n'est pas chose aisée. En effet, chaque acte doit comprendre tout l'historique d'un bien pour que la publicité foncière soit en capacité de remonter très loin dans le temps. Un acte doit donc décrire avec précision les caractéristiques d'un bien, sa nature, ses conditions d'accès, ses numérotations cadastrales, etc. De même, il est nécessaire pour le notaire d'avoir à disposition toutes les preuves et tous les éléments visant à confirmer un ou plusieurs élément(s) dans l'acte, ce qui fait que même le travail de collecte d'annexes peut être fastidieux.

La technologie blockchain avec sa notion de registre distribué apporterait un réel atout dans le domaine du stockage d'informations.

On pourrait imaginer stocker toutes les informations relatives à un bien, sa nature, les éléments annexes mais indispensables à connaître (servitudes de passage, par exemple), l'historique de tous les échanges de ce bien, l'historique de toutes ses découpes cadastrales, l'état du bien (murs, sols, hygrométrie, état des canalisations, etc.). Ces informations seraient infalsifiables et horodatées, ce qui permettrait de prouver leur véracité.

Une question au *Journal officiel de l'Assemblée nationale* a été formulée par Daniel Fasquelle (Les Républicains) au sujet de la technologie blockchain et de sa capacité à apporter une preuve le 30 juillet 2019 ; elle a trouvé réponse le 10 décembre 2019. Ainsi, « les preuves issues des chaînes de blocs peuvent aujourd'hui être légalement produites en justice […] Leur valeur probante sera appréciée par le juge conformément au droit commun de la preuve[1]».

La blockchain a donc officiellement en droit une valeur de preuve en France, ce qui implique que les informations d'un bien stockées dans la blockchain peuvent désormais agir telles des preuves pour prévenir/répondre à d'éventuels litiges sur ledit bien.

Il faut néanmoins s'assurer de la fiabilité de l'information transmise à chaque étape de la vente.

Sécuriser l'information tout au long du processus notarial

En termes de sécurité de l'information, les actes notariés qui font réellement foi sont les actes authentiques d'abord établis en un seul exemplaire original appelé «minute».

L'acte authentique

Le site officiel des Notaires de France[2] définit les effets de l'acte authentique notarié en trois versants :

• la date certaine, c'est-à-dire que l'acte authentique fait intrinsèquement foi de sa date, ce qui en atteste sa preuve ;

• la force probante : l'acte authentique fait intrinsèquement foi de son contenu puisque c'est le notaire qui a vérifié et constaté les éléments ;

• la force exécutoire consiste en l'exécution de l'acte de fait dès qu'il est signé, c'est-à-dire que toutes les conditions

---

1. http://questions.assemblee-nationale.fr/q15/15-22103QE.htm
2. https://www.notaires.fr/fr/profession-notaire/rôle-du-notaire-et-ses-principaux-domaines-dintervention/lacte-authentique-du-notaire

mentionnées (paiement, échéances, etc.) s'exécutent de plein droit telle une décision judiciaire.

Force est de constater que les originaux sont de plus en plus difficiles à conserver. Il n'est pas rare que les intermédiaires échangent des copies des originaux qui, elles, ne font pas foi (cela est notamment dû à l'échange *via* des plateformes numériques : mail, *cloud*…).

Il faut aussi savoir que le notaire demande certaines pièces essentielles à la constitution d'un dossier afin de procéder à une vente :

- pour l'acheteur, il s'agira de fournir un document attestant de son identité complète, son livret de famille, les coordonnées de son domicile, sa profession, la justification du mode de financement (prêt, fonds propres, apport…), etc. ;

- le vendeur devra fournir les mêmes pièces (excepté le financement) ainsi que tout ce qui concerne ledit bien, à savoir : tous les diagnostics techniques du bien, les documents relatifs à une copropriété si existante[1].

Certaines de ces pièces peuvent, au cours du processus, être modifiées (permis de construire, mode de financement, coordonnées, situation matrimoniale…) ou oubliées, ce qui peut générer le risque de signer une « mauvaise » version d'un acte.

Intégrer les actes dans la blockchain permettrait d'être certain d'échanger l'acte originellement signé, qui fait foi donc. Il en est de même pour les documents joints à l'acte.

Enfin, l'autre apport de la technologie serait celui de connaître les antériorités d'un document (qui l'a modifié ? quand ? quels

---

1. Règlement de copropriété, état des divisions parcellaires, procès-verbaux des assemblées générales, fiche synthétique de la coproriété qui regroupe les données techniques et financières.

éléments ont subi une modification ? etc.) le tout sans rencontrer le risque d'être falsifié – car, pour rappel, ce qui est inscrit dans la blockchain ne peut être falsifié.

Le pari sur la technologie blockchain pour les notaires est donc très grand. Les acteurs d'une transaction pourraient ne plus souhaiter faire appel à un notaire car son rôle de garant pourrait être remplacé par une technologie rapide, fiable et sécurisée engendrant ainsi une économie de temps et de coûts…

Des objections pratiques et juridiques questionnent l'intérêt de la blockchain

Malheureusement, remplacer un officier ministériel dans l'exercice de son devoir pour l'État n'est pas si évident, car le rôle du notaire n'est pas seulement juridique. Le notaire a un devoir de conseil important envers son client. Il rédige l'acte juridique ; il est *a minima* en France le garant de l'existence et de la validité d'une transaction auprès de l'État.

Réaliser un *smart contract* afin d'automatiser la relation contractuelle entre acheteur et vendeur peut être envisagé afin d'automatiser entièrement le processus de la promesse à la vente jusqu'à la mutation du bien au service de publicité foncière.

Toutefois, une des questions fondamentales que pose la blockchain, c'est notamment celle de la responsabilité. En effet, le notaire est aussi juridiquement responsable en cas de problème après la signature de l'acte notarié officiel. Si une erreur dans l'algorithme blockchain venait à se produire, il serait impossible de définir un coupable car la responsabilité pourrait incomber à l'acheteur, au vendeur ou encore à l'éditeur de l'algorithme.

Christophe Carminati, cofondateur de ContractChain, délivre une analyse très intéressante au sujet de la limite des technologies blockchain et plus précisément des *smart contracts*.

L'analyse de Christophe Carminati, cofondateur de ContractChain

Ce n'est pas un problème insoluble, mais dans la loi française, un contrat se doit d'être intelligible, c'est-à-dire compris des parties qui le signent. Je vous défie de trouver quelqu'un disposant du pouvoir d'engager son entreprise qui soit capable de lire un code informatique. Parce que le code informatique est établi par un spécialiste qui n'a ni autorité ni compétence pour le valider, alors le code se devra d'être audité par une autorité compétente tant d'un point de vue technologique que contractuel. Elle devra répondre à la question : « Le code retranscrit-il parfaitement la volonté des parties ? »

Sur le principe, la blockchain, c'est parfait, mais quand on entre dans la vraie vie, c'est plus compliqué. [...] Dans le code civil, et même si les textes sont plus précis que les contrats ne sauraient le faire, le jugement suprême est confié au juge. En cas de recours, les clauses d'un contrat sont soumises à son agrément, entre autres pour lever telle ou telle contradiction, lui soumettre une interprétation pour éviter, par exemple, un abus de pouvoir (fût-il écrit). Or, le principe fondamental de la blockchain, c'est qu'il n'y a pas de réversibilité, on ne peut pas lui demander d'effacer le résultat d'un code puisqu'on lui a demandé explicitement de l'automatiser. On code le contrat et personne ne peut l'arrêter. Si on intègre des points d'arrêt humains, il perd toute sa valeur.

Un autre sujet pourrait s'avérer plus complexe qu'il n'y paraissait à l'origine : le code informatique ne connaît pas l'imprécision ; il dit oui, non, et jamais peut-être. Les rédacteurs du texte (puis du code) doivent alors imaginer toutes les hypothèses, ainsi que leurs réponses (dans un code, ce qui n'est pas écrit n'existe pas). Prenons un exemple : j'ai toujours signé des contrats qui prévoyaient des pénalités en cas de retard (1/5 000ᵉ par jour calendaire, par exemple). Heureusement qu'elles n'ont pas toujours été appliquées ! En effet, étais-je à l'origine de ce retard ? Étais-je le seul à l'avoir généré ? N'y avait-il pas de cause indépendante ? Si, souvent d'ailleurs. Ces sujets étaient alors négociés. Or, on ne négocie pas avec un code.

Le sujet est techniquement facile, mais juridiquement complexe.

Je crois que les *smart contracts* sont adaptés aux contrats simples : l'avion a plus d'une heure de retard, la tour de contrôle l'a constaté > le passager a souscrit une assurance retard > le passager est indemnisé.

L'analyse de Christophe Carminati émet l'idée que développer des usages blockchain de manière concrète n'est pas aussi évident que certains évangélistes de la blockchain cherchent à faire croire. De nombreux obstacles – autres que technologiques – existent et la blockchain pourra trouver des applications utiles dans la société française uniquement si elle peut être adaptée aux contraintes juridiques et légales. Car, en effet, la France reste très bien dotée sur tous les versants juridiques et légaux et n'a pas d'énormes lacunes à combler ; il s'agit plutôt de réussir à intégrer de l'innovation pour optimiser l'existant.

Enfin, la blockchain permet uniquement de s'assurer qu'un document identifiable a été produit à une date donnée.

Cela ne semble pas suffisant, comme l'explique Maître Boyer, cofondateur de MyNotary, plateforme collaborative dédiée à la fluidification des transactions immobilières.

L'analyse de Maître Boyer, cofondateur de MyNotary

Aujourd'hui, le vrai problème, ce n'est pas de s'envoyer un document, c'est de s'envoyer un document qui est vrai. Comment garantir que le document envoyé à quelqu'un est bien un original ? Comment être sûr que lorsque vous recevez une fiche de paie, c'est une fiche de paie et qu'elle est vraie ? Aujourd'hui, vous n'avez pas ces moyens-là. On parle beaucoup de blockchain, mais il y a quelque chose de génial qui s'appelle la « signature électronique ».

Contrairement à la blockchain, la signature électronique authentifie celui qui signe. Et une fois que vous avez signé, il y a un certificat qui est attaché à votre document, la signature en elle-même ne vaut rien. Désormais, lorsque j'ouvre un document électroniquement, je peux consulter le certificat, voir qui a signé et si je modifie le document, le certificat n'est plus valable, et ce quelle que soit la modification effectuée. Ainsi, je sais que je n'ai plus d'original et que le document en ma possession n'est plus l'original. […]

La blockchain n'authentifie rien, elle garde et conserve une preuve. Mais elle n'identifie pas que c'est bien vous qui émettez.

> Aujourd'hui, il n'y a pas d'éléments qui permettent d'identifier avec
> la pièce d'identité ou encore avec une demande de recopie vocale, il
> n'y a pas toutes ces choses-là. Donc, je n'ai aucune idée si le docu-
> ment que j'ai importé est bien le vrai. C'est uniquement la personne
> qui va m'indiquer que c'est le vrai ; or, en droit, ça ne vaut rien.
>
> Le vrai problème que l'on a aujourd'hui, c'est que l'on a un droit
> de la preuve qui repose sur un monde matériel et que l'on passe
> au monde immatériel.

Ce qui est remarquable dans cette analyse, c'est que le plus difficile n'est finalement pas de créer des outils numériques qui permettent de certifier et tracer un document, mais plutôt de trouver un moyen de s'assurer que les documents physiques transmis numériquement sont les bons.

Ainsi, le notaire détient encore aujourd'hui un rôle fondamental et central dans l'élaboration et le déroulement d'une transaction. Il est non seulement le garant du pouvoir étatique, mais aussi un conseil indispensable pour les clients. En France, pour ces raisons, il se peut que la blockchain ne remplace pas le métier de notaire, mais qu'elle soit à son service.

Actuellement, nous sommes dans une phase de transition où l'utilisation de la blockchain n'en est qu'à ses débuts et c'est précisément ce qui peut poser problème.

En effet, à terme, il est fortement possible d'imaginer que le notaire dispose d'un outil qui permette de rédiger les actes nota-riés, joindre les annexes afférentes et documents divers (identité acheteur/vendeur, expertises sur le bien échangé, éléments de garantie…) directement au sein de la blockchain. La question de l'écart de preuve entre un document matériel et un document immatériel serait alors résolue puisque tout serait immatériel et passerait par l'intermédiaire d'une blockchain.

En fait, cela signifie que la blockchain est assurément utile si elle est utilisée à l'origine d'un processus car elle ne peut certifier que des éléments postérieurs à sa création.

De plus, la question de la responsabilité d'une personne sur le code informatique se pose.

Ce n'est que lorsqu'une réponse définitive à ces questions aura été apportée qu'il pourra être envisagé de considérer la rédaction d'un acte sur la blockchain comme «authentique».

Le notaire travaille de pair avec le service de publicité foncière. Celui-ci joue le rôle de «double vérificateur» du travail effectué. Bien que son utilité soit étatique, la blockchain peut légitimement questionner son existence par ses apports technologiques.

Horodatage et immutabilité comme outils de réduction des coûts et des délais pour la publicité foncière

Le cadastre ou service de publicité foncière a pour vertu d'être le garant de l'historique de tous les biens vendus sur le territoire (français en l'occurrence, ce qui n'est pas si évident pour les autres pays du monde). C'est Napoléon Bonaparte qui, en 1807, a instauré le système de «cadastre» en France à des fins fiscales principalement. Aujourd'hui, on parle plutôt de publicité foncière.

Le rôle de publicité foncière est de conférer une preuve relative à la notion de propriété immobilière, qu'elle soit foncière ou patrimoniale. Elle conserve et publie tous les actes de propriété (vente, donation, leg, démembrement, bail de longue durée, servitude, sûreté réelle…).

La publicité foncière joue de même un rôle cumulatif avec le notaire.

Lorsque le notaire transmet à la publicité foncière tous les éléments qu'il a vérifiés, la publicité foncière procède à une seconde vérification pour s'assurer qu'aucune erreur n'a été commise.

C'est uniquement après validation de la publicité foncière que l'acte peut être officiellement publié. De la réception de l'acte à sa publication, il faut compter *a minima* un an.

La blockchain pourrait théoriquement remplacer le rôle de la publicité foncière en enregistrant tous ces éléments directement en son sein. L'horodatage et l'immutabilité de la blockchain apporteraient ainsi une preuve relative à la notion de propriété immobilière quel que soit son type. La blockchain pouvant être publique, il sera de plus possible de la rendre consultable par tous.

De même, la question du délai et de la vérification n'aurait plus lieu d'être car la vérification serait algorithmique.

L'entreprise Goldman Sachs dans son étude *Profiles in Innovation Blockchain: Putting Theory into Practice*[1] publiée en mai 2016 énonce que les États-Unis pourraient effectuer une économie de 2 à 4 milliards de dollars grâce à la mise en place d'un registre distribué dédié à la conservation et à la publication de tous les actes de propriété. En effet, il convient de rappeler qu'aux États-Unis, par exemple, la profession notariale n'existe pas au même sens qu'en Europe et que le système cadastral n'est pas aussi efficient.

Par ailleurs, la France est actuellement bien dotée en termes de vérification cadastrale. Ce système de double vérification d'un officier ministériel (ici le notaire) et de la publicité foncière fonctionne très bien. La question de la souveraineté étatique ne permet pas à un système de blockchain distribuée d'émerger en France. En outre, il convient de noter que les erreurs cadastrales sont rares en France, contrairement à certains pays où l'équivalent du service de publicité foncière n'existe pas.

---

1. Que l'on pourrait traduire par «Profils d'innovation, blockchain : de la théorie à la pratique». James Schneider, Alexander Blostein, Brian Lee, Steven Kent, Ingrid Groer, Eric Beardsley, *Profiles in innovation Blockchain putting theory into practice*, 24 mai 2016, Goldman Sachs.

Toutefois, cela reste générateur de coûts très élevés potentiellement évitables par l'usage d'une blockchain publique. Une telle blockchain devra très probablement être centralisée pour des raisons de responsabilité. Si elle venait à être créée, elle serait certes contraire à la vertu principale de la blockchain qui est de « décentraliser », mais apporterait clairement une grande fluidité dans la mise à jour des registres de titres de propriété puisque ces derniers pourraient être mis à jour en temps réel.

Par ailleurs, le notaire et la publicité foncière ont la responsabilité de vérifier le formalisme de l'acte, des pièces transmises ainsi que des conditions d'acquisition du bien. C'est sur ce dernier versant que les organismes financiers jouent un rôle aujourd'hui remis en question par la blockchain.

DÉCOMPLEXIFIER LE MONTAGE FINANCIER ET TECHNIQUE

Les prêts intelligents pour réduire les frais financiers et délais bancaires

La banque peut intervenir avant même la décision d'acheter ledit bien. Effectivement, la personne à la recherche d'un bien va très probablement faire le choix d'estimer sa capacité à financer son projet d'achat. Quoi qu'il en soit, les frais de gestion relatifs à la gestion des prêts et des dossiers constituent des coûts non négligeables pour un établissement bancaire. La blockchain va permettre de réduire fortement les frais afférents à ces opérations tout en contribuant à la fluidification de la transaction.

Un contrat de vente immobilier est clairement un cas d'usage de *smart contract (cf. chapitre 1)*.

La mise en place de *smart contracts* inscrits perpétuellement dans une Blockchain relativise fortement le travail du banquier pour une transaction immobilière et réduit les inerties liées à son exercice.

Les *smart contracts* ont une vertu non négligeable pour la rédaction de contrat. Ethereum *(cf. p. 24)* permet d'exécuter les contrats automatiquement lorsque les prérogatives à son exécution sont remplies.

Les conditions d'exécution d'un contrat pourraient être propres à chaque transaction immobilière laissant la place à des spécificités relatives au bien, aux types d'acquéreurs (société ou particulier), etc.

Dans le cas d'une transaction immobilière, il est fortement envisageable de voir le métier de conseiller bancaire disparaître au profit d'un algorithme blockchain articulé par les *smart contracts* Ethereum. Ce dernier aurait la vertu suivante : exécuter la contraction d'un prêt si et seulement si un certain nombre de conditions sont remplies. En réalité, le *smart contract* fonctionnerait comme une sorte de boucle «SI.ET» et «SI.OU» sur Excel.

L'exécution automatique d'un prêt conduirait à limiter les frais de gestion au strict minimum puisque le prêt serait autorisé automatiquement. Cela aurait de même des conséquences sur l'emprunteur qui, pour rappel, paie des frais de dossiers relatifs à la gestion lorsqu'il contracte un prêt. Le temps serait raccourci puisque la vérification des conditions d'attribution du prêt serait automatisée. D'un côté, une banque n'aurait plus à disposer de conseillers qui prennent du temps pour traiter un dossier bancaire et s'assurer de la possibilité de financement d'un projet. De l'autre côté, l'acheteur, lui, effectuerait des économies de coûts sur les frais de dossiers.

Le management de l'identité en ligne au service de la transparence de l'information

Une fois la capacité d'endettement estimée, une enveloppe maximale de financement est validée auprès du conseiller bancaire. La personne désireuse d'acheter pourra se positionner sur les biens disponibles du marché. Une fois décidée, elle se rendra à la banque pour estimer le montant d'emprunt pour le bien choisi. Le montage financier pourra ensuite être effectué. Toutefois, la personne devra fournir un nombre important de pièces à l'établissement bancaire telles que :

- les éléments ayant trait à la transaction : le compromis de vente/la convention sous seing privé, l'acte de vente, les expertises du bien, etc. ;

- les éléments propres à l'acheteur et au vendeur : tout élément permettant de connaître la personne et son identité, source de revenus, relevés bancaires d'autres comptes si existants, preuve de possession d'autres biens si existants, justificatif de charges actuelles récurrentes, etc.

C'est la procédure de KYC (Know Your Customer).

Know Your Customer

Know Your Customer (KYC) est le nom donné au processus permettant de vérifier l'identité des clients d'une entreprise. Cela fait référence à la réglementation bancaire qui régit ces activités.

Ce processus est utilisé notamment par les banques à la fois pour s'assurer de la conformité des clients face aux législations anti-corruption *et* pour vérifier leur probité et intégrité. Un de ses objectifs est de lutter contre l'usurpation d'identité, la fraude financière, le blanchiment d'argent et le financement du terrorisme.

Il s'agit généralement de collecte et d'analyse de données, de vérification de la présence d'individus sur les répertoires (à l'exemple de celles des personnes politiquement exposées), de l'analyse du comportement et des transactions, etc.

Le KYC est une procédure qui peut se répéter chaque fois qu'un client souhaite accéder à un service au sein d'un même établissement ou d'un autre. Voici, brièvement, ce qu'il faut faire pour qu'un client se conforme à la procédure de KYC :

• envoi de documents officiels tels que la pièce d'identité, le Kbis... (parfois doublé d'une rencontre en physique) ;

• preuve qu'il est réellement celui qu'il prétend être. À cet effet, il va devoir s'identifier chaque fois qu'il souhaite accéder à un service d'investissement par exemple ;

• preuve qu'il détient les droits de faire ce qu'il souhaite effectuer.

Une fois tous les éléments collectés et l'acte de vente signé, le prêt doit *a priori* avoir été débloqué (immédiatement, soit à une date prévisionnelle de transaction, soit un peu avant sans induire de frais supplémentaires pour l'emprunteur, soit après signature).

L'ensemble de ces procédures de KYC peut être extrêmement lourd pour un acquéreur.

Créer une plateforme qui horodate l'heure de dépôt ainsi que les documents permettra de déposer une seule et unique fois tous les documents relatifs à l'identification de l'acheteur, du vendeur, du bien.

Cela réduit fortement les frictions liées à l'achat d'un bien immobilier puisqu'une personne qui emprunte n'aura pas besoin de transmettre de nouveau des pièces indispensables à l'obtention de son prêt.

L'entreprise R3 Corda Blockchain Technology a lancé un PoC[1] au côté de banques prestigieuses telles que BBVA, CIBG, ING,

---

1. *Proof of Concept* (preuve de concept) correspond à la réalisation d'un prototype qui valide ou non l'utilité de développement d'un produit/ service.

Natixis, Société Générale ou encore UBS[1] afin de déployer une plateforme KYC mutualisée entre les banques. Cela permettrait à un client d'une banque X de créer un compte à une banque Y sans avoir à fournir les éléments justificatifs d'identification (car ils auront déjà été inscrits par sa banque X dans le registre blockchain).

L'existence d'une telle blockchain rendrait accessibles certains documents à certains acteurs, ce qui laisserait le choix de disposer des éléments dont ont besoin les acteurs d'une transaction. C'est précisément une des vertus premières des technologies blockchain, avoir le choix de disposer de ses données librement.

La facilitation de la procédure de KYC aurait donc pour conséquence une meilleure gestion des données tout en contribuant à la confidentialité des données utilisateurs. Chaque personne qui voit son identité ainsi que celle(s) de son/ses bien(s) intégrées dans la blockchain a le choix de montrer ou non ces informations aux membres du réseau.

Ces apports liés à la fois au *smart contract* et à la démarche de KYC peuvent trouver des applications similaires dans les tâches des assurances emprunteurs et des sociétés de caution.

Assurances et sociétés de caution : un travail facilité

Le rôle des assurances et sociétés de caution est de couvrir tous les éventuels risques qui pourraient empêcher le bon déroulement du paiement de la transaction. L'acheteur en nécessité d'emprunter contracte une assurance qui permet d'assurer le remboursement du capital en cas d'invalidité ou de décès, ou bien de problèmes tels que l'incapacité de travail.

---

1. EuroMoney Seminars, *R3 building shared KYC blockchain service with banks*, octobre 2018.

Lors de la contraction d'un prêt immobilier auprès d'une banque, cette dernière demande avant accord une garantie sur le bien financé afin de se prémunir des risques éventuels non prévus par l'assurance emprunteur.

Elle peut prendre plusieurs formes : la caution (assurée par un tiers financier tel que Crédit Logement, Saccef, Camca, Socami, etc.), l'hypothèque (saisie du bien par la banque en cas de non-paiement du prêt) ou encore le privilège de prêteurs de deniers (PPD), qui est une variante de l'hypothèque (uniquement dans l'ancien).

Dans le neuf, la plupart du temps, un acheteur optera pour l'organisme de cautionnement. Dans l'ancien, les autres cas sont aussi envisageables.

Obtenir la caution de la part d'un organisme est soumis à une évaluation du dossier. Un des critères concerne le taux d'endettement. Si ce dernier s'avérait trop haut pour l'emprunteur, l'organisme de cautionnement pourrait refuser d'attribuer la caution.

Certaines start-up cherchent en effet à réduire les frictions inhérentes à la souscription à une assurance emprunteur ou à une garantie bancaire.

Cprop

Cprop[1] est une entreprise new-yorkaise qui développe des applications blockchain dans l'immobilier et cherche notamment à révéler les problèmes inhérents aux transactions immobilières.

Un de leurs développements consiste en la digitalisation complète du processus d'assurance afin de réduire les risques liés à une mauvaise saisie des données ou à un manque de

---

1. https://cprop.io

> contrôle sur la documentation. Cprop cherche à devenir un seul et unique acteur jouant le rôle d'interface au sein de la transaction immobilière.
>
> Tous les éléments concernant le bien seraient répertoriés et compilés par la plateforme empêchant, de fait, la détention de différents niveaux d'information. L'assurance ou la société de caution disposeraient déjà de tous les documents nécessaires à une souscription. Cette démarche est relative à la démarche Know Your Customer.

Plus tôt, nous avons énoncé l'existence de la blockchain Ethereum et des *smart contracts*. L'utilité de ces derniers serait de permettre une exécution automatique d'un contrat.

En effet, on pourrait imaginer la réalisation d'un *smart contract* qui, immédiatement (selon un délai défini) après la déclaration d'une incapacité de travail, déclenche un paiement correspondant à une garantie à la banque. La vérification de cette déclaration pourrait se faire *via* le réseau blockchain qui agirait comme authentificateur de la véracité de la pièce transmise *via* les nœuds du réseau[1].

Parmi les pièces indispensables à apporter, le vendeur doit fournir au notaire les diagnostics d'évaluation technique du bien.

Afin de procéder à une vente qui définit correctement les conditions techniques d'acquisition d'un bien, il est nécessaire de procéder à des expertises qui peuvent dès aujourd'hui être facilitées par la blockchain.

---

1. Cela ne résoudrait toutefois toujours pas le problème énoncé par Maître Boyer *(cf. p. 71)*.

Accroître l'efficacité des expertises

Le diagnostiqueur immobilier ou expert en diagnostic immobilier n'a qu'une mission ponctuelle qui consiste à effectuer
les procédures classiques d'évaluation de la qualité d'un bien[1]
telles que le diagnostic loi Carrez, le diagnostic performance
énergétique du bâtiment, le diagnostic amiante[2], le diagnostic
plomb, etc. Bien entendu, des entreprises proposent de réaliser
l'ensemble de ces prestations. Aucun bien ne peut être vendu
sans la réalisation de diagnostics obligatoires. Ces diagnostics
peuvent aussi servir de critères pour déterminer la valeur vénale
d'un bien. C'est pour cette raison que les experts en diagnostics
immobiliers ont un rôle indispensable au cœur d'une transaction
immobilière.

Le diagnostiqueur immobilier ne pourra pas être remplacé par
la blockchain à elle seule, mais elle pourrait éventuellement lui
servir de preuve de la date de réalisation de son expertise.

Il pourrait inscrire la date de réalisation des diagnostics et toutes
les informations afférentes à celui-ci (rapport, descriptif technique,
etc.) au sein d'une blockchain dédiée. Ainsi, un futur propriétaire
pourrait disposer de toutes les informations relatives à un bien sur
une blockchain. Les futures expertises pourront être inscrites dans
cette même blockchain et un suivi sur l'évolution et l'entretien
du bien pourra être fait avec beaucoup plus de facilité.

Cette première étape contribuerait à digitaliser un bien,
c'est-à-dire d'attribuer à un bien physique l'équivalent d'une
pièce d'identité digitale qui recense toutes ses caractéristiques
(surface, emplacement, création…). À long terme, il s'agirait
de reproduire ce qui existe avec la publicité foncière (numéro

---

1. David Lelong, «Quels sont les diagnostics immobiliers obligatoires
   pour vendre un bien ?», Immobilier Danger.
2. Tous les logements construits avant le 1er juillet 1997 sont susceptibles
   de contenir des traces d'amiante.

de parcelle, superficie, transfert de propriété…) en y ajoutant d'autres éléments tels que l'entretien, les diagnostics, les expertises, les éventuels travaux, l'ancienneté du bâtiment, etc.

Les experts font toutefois face à un risque de disparition de leur métier si des combinaisons entre les objets connectés et la blockchain interviennent au niveau du bâtiment. En effet, s'il existe des objets connectés inhérents au bâtiment qui sont capables d'évaluer l'état de ce dernier et de le certifier *via* la blockchain, pourquoi encore faire appel à un expert?

Pour bien comprendre, nous illustrerons cet aspect de convergence entre les technologies dans le dernier chapitre de cet ouvrage.

Pour résumer

Les technologies blockchain s'insèrent tout au long du processus d'achat/de vente et auront un apport conséquent dans la réduction des délais tout comme dans l'optimisation des coûts.

Toutefois, elles sont encore très peu matures et certaines applications ne sont pas envisageables car la blockchain agit pour l'instant tel un moyen générateur de preuve complémentaire (non authentique) à ce qui existe déjà.

À ce stade, il est néanmoins envisageable de voir l'intégration de la blockchain dans le mécanisme d'une transaction immobilière à un niveau intermédiaire au service des multiples acteurs.

Dans un futur proche, on peut envisager que le métier de notaire et de banquier sera amené à s'orienter uniquement sur du conseil – tâche à haute valeur ajoutée.

La publicité foncière pourra être amenée à subir quelques mutations, mais étant dépendante de l'État, elle ne risque pas de perdre sa légitimité. Elle risque, au mieux, de se moderniser vers un système encore plus fiable et moins coûteux.

Les agents immobiliers risquent de voir leur métier se transformer rapidement, mais on ne sait pas encore si cela sera à leurs dépens ou à leur bénéfice.

Les syndicats de copropriété s'appuieront sur ces technologies pour faciliter la vie des colotis. Quant aux experts, leur métier est peut-être amené à disparaître, mais pas sans convergence avec d'autres technologies novatrices.

Ne dit-on pas que 85 % des métiers de 2030 n'existent pas encore[1] ?

Dans les prochaines années, on pourrait imaginer que les acteurs d'une transaction puissent globalement interagir comme suit.

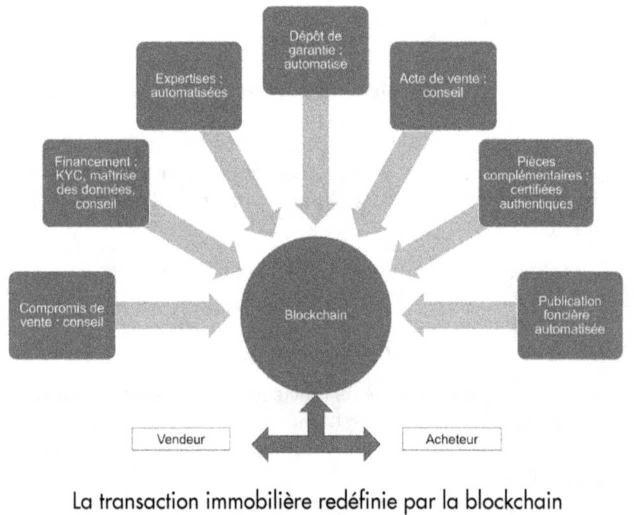

La transaction immobilière redéfinie par la blockchain
à long terme

---

1. Dell Technologies et Institute for the future, *Emerging technologies' impact on society & work in 2030*, 2017.

Dans cette hypothèse, la blockchain servirait de socle dans laquelle intégrer toutes les données relatives à une transaction. Celle-ci servirait de base à d'éventuels développements tels que les *smart contracts* ou simplement comme garantie de protection de l'immutabilité des données intégrées.

Ainsi, nous avons pu constater un des premiers impacts de la blockchain dans l'immobilier. Nous allons nous intéresser à ce qui est énoncé comme l'un des principaux versants de l'immobilier révolutionnés par la blockchain : le financement.

Chapitre 3

Démocratiser l'investissement immobilier et réduire les risques d'une opération immobilière

L'immobilier, un marché opaque et risqué

L'opacité du marché rend l'analyse complexe

La valeur d'un bien immobilier dépend de nombreux aspects tels que l'emplacement géographique (pays, région, ville, quartier), la qualité du bien (finitions, matériaux utilisés, récence) ou encore la vue et l'exposition. Toutefois, cela dépend des critères d'appréciation du marché local, c'est-à-dire de ce que les futurs acquéreurs valorisent en priorité dans une zone particulière. Dans certaines villes, il pourra être plus apprécié par des acquéreurs d'être proche de la mer ou, dans d'autres villes, de la montagne.

Ainsi, investir dans l'immobilier relève d'une part de subjectivité non négligeable. Malgré l'adage célèbre qui dit que ce qui définit un bien n'est en réalité qu'une chose « l'emplacement, l'emplacement, toujours l'emplacement », il reste très difficile pour un particulier d'appréhender la valeur d'un bien par rapport au marché.

En effet, le seul moyen d'estimation dont dispose un acheteur pour évaluer la valeur d'un bien qu'il souhaite obtenir, c'est de comparer le prix du bien qu'il souhaite posséder avec les prix affichés sur différents sites internet des biens « à la vente ». L'autre solution pour lui est de consulter des plateformes qui estiment la valeur d'achat moyen d'un bien au prorata du mètre carré dans une zone donnée. Cependant, ces deux méthodes sont critiquables. La première ne permet pas de se faire une idée réelle de la valeur du marché car seulement les biens « en vente » sont affichés, pas les « vendus » (rien ne permet de consulter l'antériorité des transactions sur ledit bien ou sur un bien similaire). De plus, le nombre de biens réellement disponibles à la vente n'est pas non plus réel car cela dépend de la volonté des vendeurs de répertorier leur bien sur un site plutôt qu'un autre. Cette problématique varie selon les pays, mais en ce qui concerne la France, l'opacité des prix et des volumes sur les transactions immobilières est un fait avéré depuis des années. Il reste une option qui consiste en l'établissement d'un dossier auprès de la publicité foncière, mais cette démarche peut rapidement se révéler coûteuse et n'est, de plus, pas évidente à effectuer pour un novice, d'autant que la réponse de la publicité foncière peut être longue et incomplète.

Ainsi, rien ne permettait en France d'avoir l'historique du prix de vente d'un bien ni de son actualisation en temps réel. Pour y remédier, Bercy a mis à disposition, en mai 2019[1], un outil d'open data[2] permettant à tout particulier de consulter les montants de transactions précédemment réalisées sur les biens dans une région donnée. Cela donne un pouvoir non négligeable à un acquéreur qui peut se servir de ces données pour négocier le prix d'achat.

Toutefois, cet enregistrement est limité aux cinq dernières années (depuis 2014) et ne s'actualise que tous les trois à quatre mois. De plus, pour les régions rurales où la fréquence de transactions immobilières est lente, l'intérêt est faible et, en conséquence, les vendeurs risquent d'être confrontés à une négociation relative à un prix de marché d'il y a plusieurs mois.

Cet outil souligne tout de même une initiative gouvernementale importante quoique retardataire (le Royaume-Uni dispose, par exemple, d'un système de transparence de prix totalement optimal depuis 1995[3]).

La transparence sur la vente immobilière n'en est donc qu'à ses balbutiements en France. Bien qu'un outil gouvernemental ait été récemment créé, le délai de sa mise en place et de son

---

1. Nathalie Coulaud, «Dans l'immobilier, la révolution de la transparence des prix est en marche», *op. cit.*
2. Outil pour lequel l'accès aux données par les usagers est libre.
3. *Ibid.*

fonctionnement effectif est lent. Et malgré le fait qu'il soit directement relié aux actes authentiques notariés, il reste sujet à des erreurs[1]. Ce type d'outil a le mérite d'exister, mais, encore une fois, il est nécessaire d'y injecter de la «confiance[2]» pour être certain de sa validité.

Ainsi, l'investissement d'un particulier à un engagement financier reste risqué puisque non appuyé par des critères d'évaluation ni d'évolution du marché fiables.

Ce manque de transparence d'information sur la disponibilité des biens, sur leurs critères d'évaluation ou encore sur leur historique rend la pratique de l'investissement très subjective. Et cette variabilité d'informations disponibles rend l'analyse sur la pertinence d'un investissement très complexe pour un novice.

C'est pour cette raison que bon nombre de particuliers font appel à des professionnels afin d'être aiguillés et conseillés. Prenons le cas des agents immobiliers. Ces derniers mettent à disposition des biens à la vente et dans certains cas, ce sont aussi eux qui fixent le prix de vente d'un bien. Leur analyse sert souvent de moyen de compréhension des prix et des volumes de transaction moyens sur le marché.

Considérer qu'un investissement immobilier est viable ou non dépend uniquement de leur interprétation du marché. De fait, cela peut laisser place à des oublis ou à des analyses partielles[3].

---

1. Un article de LCI a énoncé qu'une erreur a été faite sur un appartement indiqué à 29 m² au lieu de 84 m²: https://www.lci.fr/immobilier/immobilier-on-a-teste-la-nouvelle-appli-de-bercy-pour-connaitre-les-prix-de-vente-reels-a-cote-de-chez-vous-cadastre-data-gouv-fr-dvf-2119439.html
2. L'une des promesses des technologies blockchain est d'offrir de la confiance et de la transparence dans les échanges de données.
3. Car pour rappel, un agent immobilier n'a très souvent accès qu'à sa base de données propre ou à une base de données d'un «consortium immobilier».

Pire, le fonctionnement même de la rémunération d'un agent immobilier peut faire naître un conflit d'intérêts. En effet, un agent immobilier a tout intérêt à encourager une décision d'investissement puisque sa rémunération est indexée sur le prix du bien. Et sans laisser transparaître l'historique de transaction dudit bien, l'agent immobilier peut choisir de le valoriser comme bon lui semble et de cette façon percevoir une plus haute rémunération. Cette approche, bien que n'étant pas souhaitable pour la construction d'une bonne réputation sur le long terme, peut se produire.

Pourtant, acheter et vendre un bien devrait être facile d'accès pour n'importe qui, même s'il s'avère novice dans le milieu. Un bien immobilier n'est qu'un élément matériel qui en contient plusieurs. Acheter et vendre un bien physique sur Amazon est extrêmement facile. Acheter et vendre plusieurs biens sur Amazon reste complexe mais tout aussi facile. Un bien immobilier n'étant que la somme de biens matériels, il y a de bonnes raisons de penser que la transparence et la facilité de transaction sont légitimes et envisageables.

Ainsi, l'opacité du marché est, certes, une barrière à l'analyse précise d'un bien, mais la capacité à financer un projet immobilier quel qu'il soit en est tout autant problématique.

L'entrée à l'investissement reste coûteuse

Le Crédit foncier[1], spécialiste des crédits immobiliers, effectuait régulièrement une analyse sur le comportement des particuliers dans l'immobilier. Le rapport d'août 2018 révèle qu'en France, 68 % des personnes interrogées privilégient un investissement

---

1. Démantelé à l'été 2018. Véronique Chrocron, « La deuxième mort du Crédit foncier », *Le Monde*, 16 août 2019.

immobilier contre 16 % pour l'assurance-vie, 10 % pour l'épargne sécurisée et 7 % pour les marchés financiers[1].

L'attrait des Français pour l'investissement dans la « pierre » est donc très important puisque presque 70 % des interrogés préfèrent investir dans l'immobilier plutôt que dans d'autres secteurs. L'objectif est, pour les investisseurs, de se constituer un patrimoine et d'avoir un revenu complémentaire à la retraite (ou avant). C'est notamment le dispositif Pinel qui a contribué à renforcer l'investissement immobilier car il favorise l'achat de biens dans le neuf entre autres par des déductions fiscales avantageuses.

Afin de bien comprendre en quoi la blockchain pourrait apporter une réelle valeur à l'investissement immobilier, il est essentiel de préciser quels sont les moyens actuellement mis à disposition pour les particuliers.

Nombreux sont les types d'investissements possibles pour se créer un patrimoine dans l'immobilier :

- l'achat direct d'un bien à destination de la location ;
- des parts de fonds d'investissement immobiliers (SCPI[2], OPCI[3]) ;
- l'immobilier coté (OPCVM, SIIC) ;
- le crowdfunding immobilier.

L'achat direct d'un bien à destination de la location

Cette première solution consiste en l'achat d'un bien pour le destiner à la location ou pour se constituer un patrimoine qui se valorise – *a priori* – au cours du temps.

---

1. Crédit foncier, « L'investissement locatif reste toujours le placement préféré des français » (étude effectuée auprès de 2 600 clients en juillet-août 2018).
2. Société civile de placement immobilier.
3. Organisme de placement collectif en immobilier.

L'entrée à l'investissement peut être extrêmement élevée. En effet, le Crédit foncier a révélé que le coût médian des biens achetés avoisine les 170 000 € TTC et correspond à un prêt de durée moyenne de vingt ans et dix mois. Par ailleurs, les investissements privilégiés concernent des surfaces d'en moyenne 45 m^2 avec une majorité de studios (T1) ou de deux-pièces.

Ainsi, acheter un bien reste coûteux et demande un engagement financier sur la durée. Bien qu'aujourd'hui investisseurs, banques et professionnels de l'immobilier encouragent ce type d'investissement, rien ne garantit qu'il soit rentable (variation du marché, capacité à trouver des locataires, dégradation du bien, charges de copropriété, gestion locative en général, etc.).

Des parts de fonds d'investissement immobiliers (SCPI, OPCI)

Il s'agit d'acheter des parts d'une société de placement immobilier spécialisée dans la gestion financière d'un parc immobilier (bureaux, commerces, hôtels…). Pour la société, l'intérêt est de créer un patrimoine immobilier locatif en faisant appel à l'épargne publique. Quant au souscripteur, cela lui permet de générer un revenu locatif régulier sans s'occuper de la gestion.

En investissant, on devient associé de ladite société et on perçoit des revenus au prorata de l'investissement effectué. Le ticket d'entrée à l'investissement est variable de 150 à 1 000 € minimum en moyenne[1].

---

1. Autorité des marchés financiers (AMF), « S'informer sur les SCPI, l'investissement "pierre papier" », 17 septembre 2019.

Ce qui est notamment reproché aux SCPI, c'est leur manque de liquidité, c'est-à-dire que la revente de parts est quasiment impossible du fait d'un marché secondaire inexistant[1].

Autre particularité des SCPI, c'est qu'il s'agit d'un placement long terme uniquement puisque les frais appliqués sont importants[2] :

- 8 à 12 % de frais d'entrée prélevés sur le montant investi ;
- 8 à 10 % des frais de gestion prélevés sur les revenus locatifs ;
- 4 à 6 % de frais de sortie prélevés sur les prix de cession des parts.

Enfin, investir dans les SCPI ne permet pas d'avoir une lisibilité claire sur les actifs sous-jacents, c'est-à-dire sur les investissements précisément effectués (à l'euro près) dans les différents projets immobiliers auxquels participe la SCPI.

L'immobilier coté (OPCVM, SIIC)

Là où une SCPI investit uniquement dans un parc immobilier, les entreprises cotées liées à l'immobilier investissent sur différentes classes d'actifs (actions, obligations, immobilier, etc.).

L'immobilier coté est relatif aux valeurs mobilières là où la SCPI se réfère uniquement à de l'immobilier. De plus, l'immobilier coté est plus liquide car il est par définition « coté », donc ouvert à l'investissement publiquement. La souscription en immobilier coté est non seulement plus coûteuse que la SCPI, mais aussi dépendante des cours du marché.

---

1. Il s'agit du marché de l'« occasion » des titres, c'est-à-dire que ce sont des actions premièrement émises sur le marché primaire – équivalent du marché du « neuf » des titres financiers – qui ont été achetées et dont ledit acheteur souhaite désormais se séparer. Pour ce faire, il les dispose sur le marché secondaire et attend leur rachat par un investisseur.
2. Autorité des marchés financiers (AMF), « SCPI : un autre moyen d'investir dans l'immobilier », 12 juin 2017.

Le crowdfunding immobilier

C'est un mode d'investissement qui permet aux internautes de financer un projet de promotion immobilière. Les investisseurs sont rémunérés : soit sur une partie de la plus-value effectuée (dans le cas d'un investissement en action), soit sur le capital injecté majoré des intérêts (dans le cas d'un investissement en obligation). Ce placement est plutôt de court terme car il est lié à la vitesse d'exécution d'une opération immobilière (de un à trois ans en moyenne). Pour l'investisseur, les rendements peuvent être élevés (9 % en moyenne d'après le site HelloCrowdfunding[1]) et le ticket d'entrée est de 1 000 € minimum[2].

L'essentiel, c'est que pour le promoteur, l'argent obtenu *via* le crowdfunding ne sert qu'à compléter ses fonds propres afin d'obtenir plus facilement son prêt bancaire[3]. En revanche, le particulier qui choisit de participer à ce type de financement s'expose au risque de non-paiement de ses intérêts ou de sa plus-value[4]. Un projet peut collecter jusqu'à 8 millions d'euros de capital sans avoir à entamer une plus lourde démarche administrative de certification de compte (loi Pacte, septembre 2019[5]).

---

1. https://www.hellocrowdfunding.com/immobilier/barometre/octobre-2019
2. https://www.fnaim.fr/3846-crowdfunding-immobilier.htm
3. « Ce financement vient renforcer les fonds propres du promoteur, l'aidant à obtenir un prêt bancaire et à lancer son projet », Autorité des marchés financiers (AMF), « Investir *via* le crowdfunding immobilier », 17 octobre 2018.
4. En France, le taux de non-remboursement est faible : 0,5 % au premier semestre 2019 et le taux de retard est de 7 % – https://www.hellocrowdfunding.com/immobilier/actualites/barometre-du-crowdfunding-immobilier-du-premier-semestre-2019
5. Bruno Le Maire et Agnès Pannier-Runacher, *Loi plan d'action pour la croissance et la transformation des entreprises (PACTE)* page 28, septembre 2019, ministère de l'Économie et des Finances.

En France, ce sont plus de 1 000 projets qui ont été recensés par la plateforme HelloCrowdfunding, soit plus de 500 millions d'euros financés de 2012 à juillet 2019. Le marché du crowdfunding se porte bien et suscite l'intérêt de grands acteurs du secteur qui entrent au capital des entreprises proposant ces services (BIRD la filiale R&D de Bouygues Immobilier, la Foncière Atland, BNP, Crédit Mutuel…).

Les possibilités d'investir dans l'immobilier sont diverses et variées et ont chacune leurs avantages et inconvénients. Ces derniers sont majoritairement liés à des coûts d'entrée élevés (achat immobilier et crowdfunding immobilier), à des frais élevés (fonds d'investissement immobilier et immobilier coté), à une liquidité faible (fonds d'investissement immobilier, achat d'un bien – variable selon le marché) ou encore à un manque de transparence (fonds d'investissement immobilier).

L'investissement immobilier est donc une démarche réservée à des personnes en capacité de déceler les incohérences de marché et d'investir sur le long terme pour un faible ticket d'entrée ou sur le court terme pour un haut niveau de financement. Investir 1 000 € dans le crowdfunding n'est certes pas comparable à financer l'achat d'un T1 à 80 000 €, mais n'est pour autant pas accessible à n'importe qui[1].

Le rôle des marchés financiers est d'attribuer l'argent au bon endroit au bon moment afin de favoriser le développement économique. Permettre à tout un chacun d'investir[2] renforcerait

---

1. Pour rappel, le Smic est au 1er janvier 2020 au montant brut horaire de 10,15 € soit 1 540 € brut par mois ou encore 1 219 € net.
2. En 2019, la France comptait 13,4 % de sa population salariale au Smic, soit 2,32 millions de personnes – Anne-Hélène Pommier, « La part des salariés rémunérés au Smic au plus haut depuis 11 ans », *Le Figaro*, 13 décembre 2019.

le rôle de la finance et permettrait à tous de générer des sources de revenus complémentaires.

En somme, n'importe qui peut en apparence investir dans l'immobilier. En réalité, très peu de personnes sont en capacité d'analyser la pertinence d'un investissement par rapport à un autre ; l'entrée à l'investissement reste complexe et limitée à un certain profil d'investisseur.

En tant qu'investisseur, on peut penser que les personnes qui réalisent des programmes de construction[1] sont fortunées et qu'elles ont assuré l'héritage pour plusieurs générations puisque nous avons des exemples marquants : Donald Trump (qui a repris les rênes du groupe Elizabeth Trump & Son), Francis Bouygues (groupe Bouygues), Philippe Fougerolle (à l'origine du groupe Eiffage), etc. La réalité est tout autre car le métier de promoteur immobilier est souvent méconnu et galvaudé. C'est un métier qui demande d'énormes prises de risques sur de nombreux aspects et qui pourra, lui aussi, trouver un intérêt dans les technologies blockchain.

Monter une opération immobilière est risqué

Les enjeux financiers sont le fer de lance de la faisabilité de l'opération.

À titre informatif, l'activité de promotion immobilière en 2018, c'est 41,9 milliards d'euros, plus de 32 000 actifs et près de 2 millions d'emplois[2]. La promotion immobilière est une activité qui permet de créer de nouveaux biens sur le marché qui, ensuite, seront vendus sur plusieurs générations et génèreront

---

1. Qu'il s'agisse de promoteur foncier ou immobilier.
2. https://fpifrance.fr/articles/les-chiffres-cles-de-la-promotion-immobiliere

durablement des échanges économiques. C'est une profession centrale dans le secteur bien que souvent méconnue. La blockchain pourrait lui apporter de nombreux bénéfices, mais pour bien les comprendre, il est indispensable de résumer brièvement les aspects de ce métier.

Un promoteur immobilier, pour financer son opération, doit en général faire appel à trois niveaux de financement : fonds propres (argent à disposition), banque (prêt bancaire ou autorisation de découvert avec remboursement d'intérêt), précommercialisation. Ces trois éléments sont étroitement liés et permettent à une institution financière de définir la viabilité et la pertinence du projet (en complément de l'analyse d'autres éléments essentiels tels que la marge sur l'opération, la vitesse de commercialisation, le prix au mètre carré, etc.).

Un jeu de « vase communicant » s'opère entre ces trois niveaux de financement. Un projet ne sera pas financé par la banque si le taux de précommercialisation est trop bas ou si l'apport en fonds propres est trop faible. De même, un promoteur peut choisir de ne pas faire appel aux banques s'il dispose des fonds nécessaires ou encore s'il a négocié des conditions d'achat foncier particulières avec le vendeur du terrain.

En tout état de cause, un promoteur n'a pas intérêt à financer entièrement son opération *via* des fonds propres, et ce pour deux raisons.

La première raison est que disposer de ces liquidités pour développer son entreprise (investissement) ou faire face à un imprévu est plus judicieux car un projet immobilier dure quelque temps et les frais afférents au prêt bancaire peuvent être intégrés au compte de résultat et ainsi écraser l'imposition sur l'opération.

La seconde raison est que financer entièrement l'opération induirait une prise de risque totale en cas de dépassement d'enveloppe budgétaire, de retards des travaux ou encore d'imprévus… Généralement, diversifier ses apports financiers permet de diluer le risque tant des investisseurs que de l'initiateur du projet.

Néanmoins, les contraintes d'un promoteur pour obtenir un financement ne sont pas moindres. Solliciter différents investisseurs nécessite d'avoir de nombreuses relations et un nombre minimal de personnes qui seraient prêtes à préacheter des logements, locaux, bureaux… Tout cela implique des frais de communication et de commercialisation importants (où, très souvent, les agences immobilières interviennent). De plus, avoir des fonds propres n'est pas accessible à n'importe qui puisque, pour en disposer suffisamment, il faut auparavant avoir perçu des revenus issus d'autres activités ou d'autres promotions immobilières. Le fonctionnement actuel réduit alors fortement l'accès à de nouveaux acteurs et les risques autres que financiers contribuent de même à renforcer les barrières à l'entrée.

Par ailleurs, la technicité du projet et le marché influencent fortement la survie d'un projet.

Le métier de promoteur immobilier fait rêver beaucoup de novices qui s'imaginent que «monter» un bâtiment est chose aisée et fait gagner beaucoup d'argent. Dans la pratique, il est courant de voir des entreprises de promotion immobilière faire faillite. Une opération de promotion immobilière est considérée comme plutôt rentable – donc finançable – à partir de 10 % de marge brute (mesure variable selon les banques, les critères de précommercialisation, les différents niveaux de financement, le marché, etc.).

Il est pourtant très facile pour un promoteur de passer de 10 % de marge à −10 % et les causes peuvent être multiples : imprévus de chantier (défaut de la superstructure béton, par exemple) qui peuvent engendrer des travaux supplémentaires (un mur de soutènement à réaliser car le terrain n'est finalement pas stable), retards de livraison (le fournisseur n'a pas respecté les délais), interférences de responsabilité entre les sous-traitants (conflits sur chantiers, mauvaise coordination des acteurs…).

La promotion immobilière est en conséquence techniquement extrêmement risquée.

Toutefois, contrairement à ce que l'on pourrait penser, ce ne sont pas les coûts de réalisation d'un chantier qui dictent les prix, mais le marché, c'est-à-dire le montant que seront prêts à engager de potentiels acheteurs pour disposer d'un bien.

La partie essentielle de l'opération réside en deux choses : le coût du foncier, le prix moyen acceptable par le marché. Le reste n'est qu'un calcul au prorata du projet : aménagements, constructions, honoraires techniques financiers et commerciaux, rémunération de l'opérateur, assurances et garantie financière. La viabilité d'un projet dépend de la pondération de chacun de ces critères au prorata du total des charges.

Un promoteur décidera de démarrer une opération si et seulement si l'étude de faisabilité laisse sortir une marge confortable adaptée au marché. Un financeur sera prêt à investir si et seulement si la viabilité du projet est prouvée, notamment si les critères de réalisation du chiffre d'affaires (durée de commercialisation, prix au mètre carré, prix de vente total, positionnement de marché) sont réalistes face au marché. En réalité, c'est l'attrait du marché qui permettra d'estimer la faisabilité technique puis financière d'un projet.

En somme, la promotion immobilière est une activité complexe dans laquelle il faut s'assurer de la viabilité de son projet sur tous les aspects. Les taux de rentabilité financière peuvent certes devenir très importants, mais comme dans tout investissement ils sont corrélés aux risques entrepris. Les risques, ici, ne sont pas uniquement liés à la perte potentielle d'argent, mais ils peuvent bel et bien prendre des proportions juridiques non négligeables, car, pour rappel, le client final est en droit d'entamer des procédures judiciaires si le bien n'est pas livré à temps.

La combinaison des critères financiers, techniques et commerciaux rend la promotion immobilière très complexe et la blockchain pourrait permettre d'apporter de nouvelles perspectives pour le métier de promoteur, notamment pour le financement d'opérations.

Les technologies blockchain offrent des perspectives financières révolutionnaires pour l'immobilier qu'elles concernent les particuliers comme les professionnels du milieu.

DÉMOCRATISER L'INVESTISSEMENT

Faciliter l'accès à la propriété

Les technologies blockchain bien qu'elles ne soient que l'évolution de technologies déjà existantes (technologies de registre distribué[1]) sont réellement nées du célèbre Bitcoin, donc *via* une application premièrement monétaire. Une blockchain permet entre autres de générer des jetons aussi appelés *tokens*. Les tokens sont des actifs (trésorerie, biens meubles, obligations, actions…) d'une entreprise qui ont été numérisés, c'est-à-dire inscrits dans une blockchain. Inscrire ces actifs dans une blockchain permet d'en certifier l'authenticité, l'origine de leur création et l'identité des différents possesseurs dans le temps. Un token est un

---

1. Une technologie de registre distribué – aussi appelée DLT (Decentralized Ledger Technology) – est une base de données décentralisée gérée par plusieurs participants grâce à l'usage de nœuds. Les blockchains, elles, permettent d'atteindre un consensus dans un environnement qui peut ne pas être fiable sans s'en remettre à un tiers de confiance (*cf. chapitre 1*).

objet numérique qui est à la fois la représentation d'un actif et partie intégrante d'un réseau blockchain.

Un token dispose d'un atout spécifique, il peut endosser plusieurs « rôles ». Il est possible pour un token d'être une monnaie d'échange dans un écosystème, un droit de vente, la représentation d'une production d'énergie (1 kWh), une part de capital, une créance, des points de fidélité, etc.

Ce que nous appelons « cryptomonnaie » n'est en réalité qu'un token qui possède une application d'échange monétaire. Mais, en quoi cela est-il important ?

Un token est ainsi un moyen de représenter et diviser un actif physique en plusieurs parts : une sorte de pont entre le bit (le 0 et le 1) et l'atome (ce qui est préhensible, physique).

Il convient de s'attarder sur un point tout particulier : un token permet de fractionner un actif de tout type. En effet, il est possible de diviser la valeur d'un bien en des fractions plus réduites que le centime.

Prenons l'exemple du bitcoin. Le 6 février 2020, à 16 h 40, 1 bitcoin valait 8 915,37 €[1] et avec un euro il était possible d'acheter 0,00011217 bitcoin. Si cet achat a lieu, l'acheteur détiendra réellement 0,00011217 bitcoin, ce qui signifie la chose suivante : un token permet d'acheter une fraction infime d'un bien[2].

Pour l'immobilier, l'usage apparaît évident. Les technologies blockchain permettent désormais de fractionner un bien immobilier en des parts minimes. De cette façon, même les biens les

---

1. Application Coinbase *Prix du Bitcoin* consultée le 6 février 2020 à 16 h 40 – https://www.coinbase.com/?locale=fr

2. On peut acheter jusqu'à un minimum de 0,00000001 Bitcoin (appelé un « Satoshi » en référence à son créateur) là où 1 € est divisible en un maximum de 100 parts (1 centime l'une). Julien Moretto, « Qu'est-ce qu'un Satoshi ? », avril 2020, CoinHouse.

plus chers du monde seraient accessibles à tout investisseur, qu'il soit milliardaire ou sans emploi. Tout le monde pourrait bénéficier de la rentabilité financière d'une opération très risquée.

La notion de « possession de bien » s'en verrait ainsi bouleversée. Pour tous les moyens de financement actuels, le choix d'un investisseur se résume en réalité en deux parties : posséder un bien mais investir un montant conséquent, investir un montant peu élevé mais le mettre à disposition d'un tiers qui gère des biens – sans les posséder soi-même.

La blockchain permet d'ouvrir non seulement l'investissement immobilier, mais aussi la propriété à tout un chacun.

Nous allons nous intéresser à une entreprise française, la start-up Equisafe[1].

Equisafe

Le mardi 25 juin 2019 a eu lieu la première transaction immobilière française utilisant la blockchain, il s'agissait de l'hôtel particulier AnnA situé à Boulogne-Billancourt vendu 6,5 millions d'euros. Ce sont les sociétés de promotion Valorcim et Sapeb qui ont fait l'acquisition du bien *via* la technologie blockchain. Un acte notarié a été rédigé pour authentifier le montant financier de l'achat et ses conditions.

Ce n'est pas l'hôtel à « proprement parler » qui a été digitalisé en tokens, ce sont les parts de la société détenant l'hôtel. Il y a 1 000 parts dans la société. Cent tokens ont été créés pour représenter chacun d'eux une part de la société soit 1 token = 1 part de la société. Chaque token est fractionnable en 100 000 unités ce qui rend l'acquisition d'une part de la société détenant l'hôtel possible à seulement 6,50 €.

Au-delà de la forte divisibilité permise par l'usage de tokens, l'inscription des parts du capital dans la blockchain a un autre usage majeur : chaque token renferme la condition d'achat,

---

1. https://fr.equisafe.io/

de vente et d'échange du titre ainsi que les droits afférents (votes aux assemblées générales, dividendes, etc.). De cette façon, l'accès à la propriété est possible à moindre prix et l'échange de titres devient très fluide d'un actionnaire à un autre. En effet, inscrire tous les droits d'actionnaires dans une fraction de token permet d'horodater et de certifier avec précision le mouvement de titres (montant, possesseur, évolution du prix…). Là où le registre des mouvements de titres est encore un document papier aujourd'hui, Equisafe apporte de la modernité en digitalisant et certifiant l'achat/la vente de parts de société. Il s'agit d'une évolution extrêmement importante dans le domaine de l'investissement immobilier non coté. Equisafe souhaite rendre plus liquide l'immobilier qui jusqu'alors faisait partie des secteurs les moins liquides.

À titre informatif, l'opération AnnA a été menée principalement par les entreprises suivantes :

• Equisafe a mis à disposition sa solution blockchain de gestion des mouvements de titres de société ;

• CMS Francis Lefebvre, le cabinet d'avocats, a travaillé sur le montage juridique de l'opération ;

• Coblence & Associés a eu en charge l'aspect fiscal et immobilier de la transaction ;

• Screeb Notaires, étude notariale, a été responsable des versants immobiliers de la tokenisation et de l'acte notarié de l'hôtel particulier ;

• Sapeb Immobilier et Valorcim, promoteurs immobiliers.

Le procédé Equisafe est en réalité l'usage d'un outil financier particulier propre à l'environnement blockchain, mais aussi à l'environnement réglementaire français. Il convient pour cela de bien appréhender les principaux outils financiers à disposition des professionnels de l'immobilier, mais aussi des investisseurs.

Ouvrir l'investissement au plus grand nombre

Il existe différents moyens afin de procéder à la tokenisation d'actifs et d'obtenir des financements, les principaux sont : les Initial Coin Offerings (ICO), les Security[1] Token Offerings (STO) ou encore les Initial Exchange Offerings (IEO). Pour nous focaliser sur l'essentiel, nous allons nous intéresser aux opportunités offertes par les ICO et les STO[2] et voir leurs différences.

STO : l'émission de token titres

Une Security Token Offering consiste en principe en l'émission de tokens détenant plusieurs caractéristiques :

1. la valeur du token est relative au travail réalisé par l'entreprise émettrice ;

2. le token n'offre pas de garantie sur les objectifs réalisés ni garantie de valeur ;

3. le token n'a aucune utilité tant que les objectifs ne sont pas atteints ;

4. le token ne confère à son détenteur aucun droit sur les décisions de l'entité émettrice.

Ainsi, détenir des tokens issus d'une STO ne permet pas de détenir les droits classiques d'un actionnaire.

Toutefois, certaines juridictions (notamment aux États-Unis) lient le concept de STO avec celui d'Equity Token Offering (ETO). Une ETO confère des droits supplémentaires aux investisseurs puisque cela leur permet de détenir littéralement des titres de propriété de la société (actions, obligations…). Ce que permettent les ETO, c'est un échange d'actif directement de particulier à

---

1. Le terme *Security* provient de l'anglais et signifie « titre financier ».
2. Robin Berné, « Security Token, Equity Token et Utility Token – comparaison », *Cryptoast*, 28 septembre 2018 et Alexis Abric, « ICO, STO, IEO… les différentes voies pour lancer son projet crypto », *The Blockchain Land*, 30 août 2019.

particulier. Un investisseur pourrait détenir les titres boursiers d'une entreprise directement dans son portefeuille contrairement à l'investissement boursier traditionnel où c'est la banque qui détient le portefeuille de l'investisseur et le gère pour son compte.

La définition d'une STO regroupe généralement les deux définitions données ci-dessus.

ICO : l'émission de token d'usage

Généralement, un token d'usage permet à son utilisateur d'effectuer les trois choses suivantes :

1. utiliser le réseau blockchain relatif au token ;
2. exploiter le réseau et les fonctionnalités qu'il peut fournir (droit de vote, droit d'entrée, offres, réseau de partenaires, etc.) ;
3. échanger son token.

Une ICO n'est aucunement reliée à un exercice comptable ou résultat quelconque de l'entreprise dans laquelle on choisit d'investir. Il s'agit d'un pari sur la capacité de ladite entreprise à développer un projet, à créer suffisamment de valeur pour que l'usage du token soit réellement utile, qu'il ait une réelle valeur d'échange. La capacité du token à générer de la valeur pour ses utilisateurs contribue directement à renforcer l'intérêt de la blockchain émettrice.

Un bon nombre d'ICO ont été opérées en 2017 et se sont soldées par des échecs dus à un manque de régulation (notamment aux États-Unis)[1].

---

1. 80 % des Initial Coin Offerings (en volume) ont été identifiées comme des arnaques, soit 1,34 milliard de dollars investis dans des projets frauduleux qui n'ont jamais donné naissance à de réelles entreprises. Le montant correspond à 11 % du total des ICO. Parmi ces arnaques figuraient Pincoin (660 millions de dollars) et AriseBank (600 millions de dollars). Ana Alexandre, « New study says 80 % of ICOs conducted in 2017 were scams », CoinTelegraph, 13 juillet 2018.

En France, les Initial Coin Offerings ont été réglementées par la loi Pacte du 22 mai 2019[1] et sont régulées par l'Autorité des marchés financiers (AMF). On parle en France « d'offre publique de jetons ». Il est possible pour une entreprise de vendre publiquement des tokens qui ont uniquement un usage relatif à un projet, et ne peuvent donc pas prendre la forme de titres financiers à proprement parler (actions ou obligations d'une entreprise, par exemple[2]).

Dans cette mesure, il est possible en France de procéder à une Initial Coin Offering publique sous certaines conditions (détaillées ci-après), mais si ces dernières ne s'avèrent pas remplies, la seule possibilité reste le démarchage privé, c'est-à-dire le financement auprès d'investisseurs privés. Ne pas bénéficier d'un appel à financement public limite tout de même l'intérêt premier des ICO, qui est de permettre à tout un chacun d'investir dans un projet immobilier.

En France, la possibilité en immobilier de chercher des investisseurs publiquement serait, par exemple, de proposer une Initial Coin Offering avec une monnaie qui a la faculté de conférer un service : payer les charges de copropriété, obtenir des réductions dans des commerces en ligne, obtenir des réductions sur les frais de consommation d'électricité ou de gaz…

L'intérêt pour un investisseur lambda serait par conséquent pour le moment faible puisque rien ne pourrait lui garantir la rentabilité. En revanche, il semble clairement plus intéressant de participer à des Security Token Offerings car ces dernières permettent de lier son investissement aux résultats directs d'une opération immobilière. Investir dans une STO

---

1. Autorité des marchés financiers (AMF), « Obtenir un visa public pour les offres au public de jetons (ICO) », 16 janvier 2020.
2. Ce qui les exclut de la définition globale des Security Token Offerings (STO).

permet à un investisseur de percevoir des droits similaires à ceux d'une action car un token «titre» n'est en réalité qu'une inscription d'un actif de l'entreprise sur la blockchain. De fait, il se conforme aux mêmes réglementations que celles des actifs cotés.

Les récentes réglementations de l'AMF ont tout de même permis de mettre en place des offres publiques de tokens titres (valeur mobilière). L'AMF effectue une distinction essentielle entre les projets nécessitant plus de 8 millions d'euros d'investissement et ceux qui dépassent ce plafond[1]. Si un projet dépasse le seuil des 8 millions d'euros, qu'il ne concerne pas les titres cotés et qu'il n'est pas présenté sur un site internet de financement participatif, l'entreprise émettrice de l'offre doit simplement envoyer un document d'information à l'AMF. Si l'une des conditions cumulatives précédentes n'est pas remplie, il est nécessaire pour l'entreprise émettrice de se conformer aux exigences de l'AMF. Ces dernières correspondent à la rédaction d'un prospectus détaillant précisément le projet de financement *via* des offres publiques de jetons.

La réglementation de l'AMF en termes d'investissement sur des «offres publiques de jetons» varie selon qu'il s'agisse d'ICO ou de STO. Les exigences administratives sont plus lourdes lorsqu'il s'agit d'une STO car la nature même des titres transmis s'inscrit dans la réglementation globale d'offres publiques de valeurs mobilières.

D'un point de vue réglementaire, il faut toutefois souligner un élément essentiel. Les développements blockchain étant en cours et la sphère financière étant probablement la plus impactée à court terme, l'administration française et européenne

---

1. Autorité des marchés financiers (AMF), «L'AMF amende son règlement général et une instruction dans le cadre de l'entrée en application du nouveau règlement Prospectus», 20 juillet 2018.

doit s'adapter en fonction des développements technologiques possibles et de la capacité des technologies à entrer dans un cadre réglementaire. À cet effet, le 6 mars 2020, l'AMF propose la création d'un *Digital Lab* européen à la Commission européenne. Ce laboratoire d'innovation permettrait de lever certaines barrières réglementaires nationales et/ou européennes inadaptées à la blockchain et au système de levée de fonds (STO notamment) tout en apportant des garanties. Ce projet accompli en trois ans permettrait d'instaurer une réglementation financière européenne[1].

Les perspectives offertes par les levées de fonds en cryptomonnaies sont extrêmement intéressantes pour le secteur immobilier car :

- la possibilité de fractionner l'investissement facilite l'accès à l'investissement ;
- les différentes formes d'investissement permettent aux investisseurs de trouver le produit qui pourrait leur correspondre ;
- désormais, les réglementations en France existent, ce qui permet de rassurer les investisseurs et de cadrer les droits et devoirs des émetteurs de jetons.

Une conséquence directe de l'usage de ce type de financement est la contribution à une amélioration de la liquidité du secteur immobilier mais aussi à un déploiement plus global de l'investissement.

---

1. Autorité des marchés financiers (AMF), «L'AMF publie une analyse juridique approfondie de l'application de la réglementation financière aux security tokens», 6 mars 2020.

Fluidifier l'échange de biens et s'affranchir des frontières

Faire appel à des investisseurs *via* l'usage de la blockchain permet de surmonter un obstacle conséquent à l'investissement : les frontières.

Un projet blockchain peut recevoir des financements en cryptomonnaies s'il met en place une démarche de levée de fonds comme l'une de celles décrites auparavant.

Il existe de nombreuses plateformes telles qu'Ethereum[1] qui permettent de créer une cryptomonnaie et ainsi la levée de fonds en cryptomonnaies. On peut effectuer une levée de fonds en utilisant les cryptomonnaies afférentes à ces plateformes ou en utilisant simplement les tokens standards de celles-ci.

Prenons le cas d'une levée de fonds en Ethereum. Une agence immobilière X met à disposition un bien immobilier à l'achat *via* une ICO pour 500 tokens X. Les investisseurs achèteront les tokens X pour une valeur définie par l'agence immobilière. Les investisseurs échangeront leur(s) Ether(s) au prorata de leur achat et de la valeur de chaque token X. L'agence immobilière percevra l'Ether et l'investisseur les tokens X. Les tokens X perçus par les investisseurs auront dans ce cas une utilité dans le réseau blockchain : financer d'autres projets, percevoir des avantages au sein du réseau de l'agent immobilier (réduction, offres exclusives…).

---

1. Pour utiliser la technologie des *smart contracts* sur une blockchain, on peut utiliser la blockchain Ethereum avec des tokens ERC-20, ERC-223, ERC-721, ERC-1400, etc. Chacun de ces tokens standardisés détient ses spécificités soit relatives à des améliorations du tout premier (ERC-20), soit des spécificités qui leur sont propres (actifs non fongibles par exemple). H. Renaud, « Tokens Ethereum : les 5 standards ERC les plus utilisés », Journal du Coin, 10 octobre 2018.

Ce qui est remarquable, c'est que les cryptomonnaies sont affranchies complètement des frontières puisqu'elles ne dépendent, généralement[1], d'aucun organisme bancaire. Pour une agence immobilière, cela signifie donc que n'importe qui dans le monde peut accéder à un bien immobilier. C'est ce que permet notamment la start-up genevoise Tokenestate[2] qui a mis à disposition une démo de son produit.

Tokenestate

Tokenestate est une start-up genevoise fondée en 2017 par Vincent Trouche. L'entreprise souhaite démocratiser l'investissement immobilier et permettre à tout un chacun d'investir n'importe où dans le monde. Ce qui est extrêmement intéressant dans son approche, c'est la structure de son token. Le token propre au réseau est le RETO – Real Estate Token – et sa valeur dépend essentiellement de la valeur d'un portefeuille sous-jacent de propriétés détenues par une entité légale (fonds d'investissement, gouvernement…) : il s'agit du Token Real Estate Investment Vehicle (TEIV). Chaque TEIV détiendra son propre RETO qui correspondra à différentes entités légales et différents types d'investissements. En pratique, cela signifie qu'il existe un RETO pour investir dans les maisons de retraite, un RETO pour investir dans le tourisme mais aussi un RETO Paris, un RETO Dubai, etc.

La valeur du RETO dépend de chaque TEIV et bien entendu de la valeur des biens immobiliers disponibles. De plus, la plate-forme propose une analyse des chiffres d'affaires et de coûts par année et une estimation du taux de rentabilité financière.

L'approche de Tokenestate est très intéressante. En plus de permettre un investissement global aux quatre coins du globe, Tokenestate permet à des investisseurs de disposer d'une granulométrie fine pour analyser la pertinence de l'investissement.

---

1. Il existe le cas des *stable coins* qui indexent directement leur valeur sur les devises traditionnelles (euros, dollars…) afin de les rendre moins volatiles.
2. https://demo.tokenestate.io/#/

La facilitation d'accès à la propriété et d'achat à l'international a aussi pour conséquence directe la fluidification de l'échange de biens immobiliers.

L'utilisation de cryptomonnaie pour échanger un bien dans sa totalité ou en partie va fortement faciliter son transfert de propriété. En effet, tout étant inscrit dans la blockchain, il sera très facile de remonter l'origine du possesseur, le montant de la transaction effectuée, etc. Par-dessus tout, l'usage d'une cryptomonnaie permet l'échange du bien avec fluidité partout dans le monde. Un actif immobilier auparavant réduit à une échelle locale pourra être échangé avec fluidité et rapidité n'importe quand, n'importe où.

En réalité, adosser une valeur en cryptomonnaie à un bien va lui permettre d'être beaucoup plus liquide puisqu'il peut être fractionné – pour rappel, la digitalisation d'un actif immobilier permet de le fractionner en un nombre minime de tokens –, accessible à moindre coût – conséquence de la tokenisation de l'actif – et s'affranchir des frontières – car une cryptomonnaie est universelle.

Tokenestate est un exemple rare de start-up blockchain utilisant une cryptomonnaie pour l'échange de biens. Généralement, les start-up du secteur utilisent la blockchain uniquement sur les versants relatifs aux tokens, c'est-à-dire qu'une monnaie propre à la blockchain n'est pas réellement créée. La technologie blockchain est utilisée mais l'échange de biens se fait avec des devises « traditionnelles » (euro, dollar…).

Quoi qu'il en soit, la phase d'adoption actuelle des technologies blockchain dans l'investissement immobilier est encourageante puisque nombreuses sont les entreprises à y développer des outils. Ce que permet la création de multiples tokens (indexés sur des fractions de biens immobiliers), c'est une capacité d'échanges démultipliée. En effet, on peut revendre 7 % de l'appartement X pour acheter 3 % de l'appartement Y et 20 % de l'appartement Z. La barrière relative à l'inscription des mouvements de titres étant levée, la sécurité des échanges étant assurée, échanger un bien devient beaucoup plus facile qu'auparavant. C'est un atout non négligeable pour des détenteurs de biens immobiliers puisque cela permet une gestion fluidifiée des entrées et sorties d'investissement. La blockchain possède de plus l'atout de transmettre les informations en temps réel, c'est un excellent moyen d'analyser l'évolution de son patrimoine immobilier et de ses investissements.

RÉDUIRE LES RISQUES DES PORTEURS DE PROJETS

Utiliser la blockchain pour monter une promotion immobilière

La possibilité d'ouvrir l'accès à l'investissement à un plus grand public peut rendre l'usage de la blockchain, et plus précisément des cryptomonnaies, extrêmement intéressant aux yeux des promoteurs immobiliers.

Comme expliqué plus tôt, les risques liés à la réalisation d'une promotion immobilière sont très élevés. De même, le montage financier demande une ingénierie financière importante et une habilité précise à prévoir le niveau de précommercialisation. De plus, afin de s'assurer d'un taux de précommercialisation conséquent, le promoteur doit nécessairement avoir prouvé l'aboutissement de son projet *via* des permis de construire/d'aménager purgés de tout recours de tiers. En conséquence, les frais pour un promoteur débutent bien avant le début des travaux, il s'agit de coûts non négligeables qui sont généralement financés par les fonds propres.

Concrètement, user d'une offre publique de jetons (ICO ou STO) permettrait à un promoteur d'obtenir des financements complémentaires à la manière d'un crowdfunding immobilier.

Le plus pour l'investisseur, c'est qu'il reçoive des jetons échangeables rendant ainsi l'investissement très liquide. Il ne s'agit pas d'investir simplement dans un projet *via* des euros, mais plutôt de participer à un financement immobilier et d'obtenir une monnaie qui possède ses vertus propres.

Le promoteur, lui, trouve un intérêt conséquent car il peut financer son projet depuis son élaboration jusqu'à la livraison. Il peut rechercher des financements d'investisseurs dès la phase de préparation de permis (bien entendu, aux risques et périls des investisseurs) jusqu'à la livraison des bâtiments en passant par le démarrage du chantier.

Dans l'absolu, l'usage de financements en cryptomonnaie pourrait permettre à un promoteur de s'exempter des conditions de financement bancaire. Cela pourrait suivre le schéma en page suivante.

Il ne s'agit que d'une possible mise en application d'outils de financement basés sur les technologies blockchain. Pour autant, cette approche pourrait profondément bouleverser la construction du montage financier d'une opération. En effet, on peut très bien imaginer que les fonds habituellement fournis par les établissements bancaires soient en totalité ou en partie remplacés par un financement participatif public/privé. Les investisseurs prendraient bien entendu des risques très conséquents si le projet ne se réalisait pas, mais cette prise de risque pourrait de même être récompensée par le promoteur immobilier. Une nouvelle fois, puisque la blockchain permettrait de s'affranchir des banques, le promoteur pourrait, avec beaucoup de facilité, procéder au montage financier. Il pourrait promettre un reporting transparent auprès de ses investisseurs par l'usage de la blockchain. Les investisseurs auraient la garantie d'une information fiable, sécurisée, actualisée en temps réel.

Bien entendu, pour un promoteur, il s'agira de déporter de façon raisonnable son risque afin que le financement global de

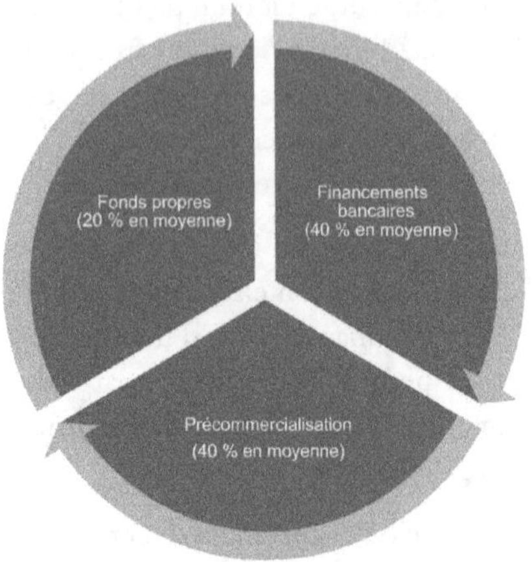

Montage financier classique[1]

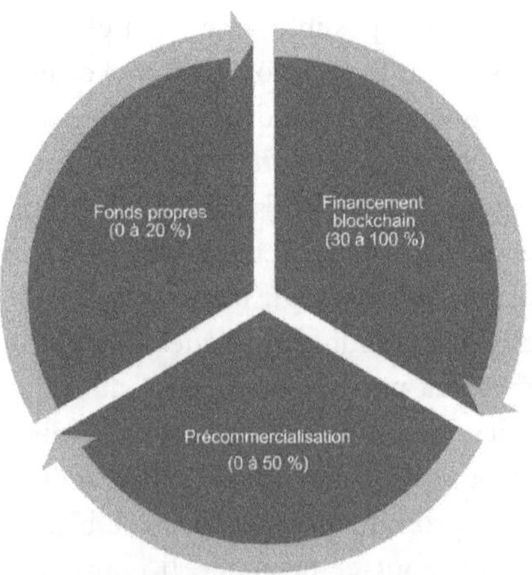

Montage financier Blockchain

---

1. Immocratie, « Le financement de la promotion immobilière en VEFA ». Ces pourcentages varient en fonction des multiples critères définis dans le présent chapitre.

la promotion ne soit pas uniquement supporté *via* du financement public. Permettre à des investisseurs de participer au projet peut, entre autres, induire de se séparer d'une part soit de son capital, soit du résultat de l'opération ou encore de verser un intérêt aux prêteurs.

Le promoteur immobilier pourrait effectuer plusieurs choses : créer sa propre cryptomonnaie pour permettre à des investisseurs de financer tous ses projets immobiliers, fractionner le projet de promotion en tokens et les adosser à une valeur monétaire traditionnelle (dollar, euro), utiliser une blockchain existante et lui adosser une cryptomonnaie (bitcoin, Ether, Tezos…)…

Bien entendu, certains éléments sont à pondérer, notamment la volatilité des cryptomonnaies. En effet, la valorisation d'une cryptomonnaie dépend de nombreux éléments (offre et demande) mais est aussi reliée au cours de certaines cryptomonnaies qui ont un rôle de «signal» sur l'état financier des cryptomonnaies (bitcoin, Ether…).

Néanmoins, le financement *via* les cryptomonnaies apporte des perspectives intéressantes pour un promoteur puisque cela offre de la liquidité à son projet immobilier. Pour l'investisseur, il peut espérer que le projet prenne de la valeur si, bien sûr, il est situé dans un marché immobilier haussier.

De fait, une conséquence directe de l'application des technologies blockchain dans l'investissement immobilier concerne la notion de report de dette. Dans le cas où un promoteur souhaiterait non pas permettre à des investisseurs de percevoir des bénéfices issus du projet immobilier, mais plutôt agir tels des prêteurs (au même titre que des banques), il pourrait le faire grâce à la blockchain.

Déporter la dette promoteur sur des investisseurs pour se protéger des aléas

Disposer d'un outil d'émission de titres financiers fiable tels qu'une blockchain permet, entre autres, d'émettre de la dette. Un promoteur immobilier est dans l'obligation de respecter des délais envers les clients, les financeurs, l'administration. Ces délais, pour des raisons diverses (imprévus, révisions travaux, commercialisation plus faible que prévue…) peuvent, dans certains cas, ne pas être respectés. Pour le promoteur, cela peut entraîner des sanctions financières (frais bancaires, intérêts, commission d'engagement, commission du plus fort découvert, frais de découvert…), administratives (un client est en droit d'attaquer le promoteur si le délai de livraison venait à dépasser l'échéance contractuelle, un permis modificatif en cours de chantier pourrait être refusé empêchant ainsi l'exécution correcte des travaux…) et mettre en péril l'aboutissement du projet. Un promoteur a désormais la faculté de déporter ses dettes fournisseurs, sous-traitants, bancaires auprès d'investisseurs de manière fluide.

C'est l'idée qu'a développée Bloomberg, le groupe spécialisé dans les services aux professionnels des marchés financiers[1], le 12 novembre 2018 dans une vidéo extrêmement intéressante : *Blockchain takes Manhattan*. Cette vidéo explique le rôle des technologies blockchain dans la réduction des risques d'une promotion immobilière.

À New York, plus précisément dans le quartier de Manhattan, un bâtiment de 36,5 millions de dollars comprenant douze appartements a été divisé en actifs digitaux afin que n'importe quel profil d'investisseur puisse posséder une part de l'immeuble.

Le promoteur avait financé le projet par une banque traditionnelle avec un prêt qui expirait en janvier. Il a décidé de tokeniser son prêt bancaire *via* la blockchain.

____

1. https://www.youtube.com/watch?v=Z-CZLuLPZwI

L'argument avancé par le promoteur pour tokeniser le prêt est le suivant : le risque d'arrivée de concurrents sur le marché et le retard des travaux auraient eu un impact direct sur la capacité de précommercialisation du projet. Tokeniser la dette a permis au promoteur de vendre les biens petit à petit pour ainsi s'adapter au marché au lieu de se confronter à lui. Cela donne une zone de confort plus agréable pour le promoteur qui est libre d'apporter d'éventuelles améliorations, des réajustements de prix ou autres sur le projet immobilier afin qu'il réponde parfaitement aux attentes des futurs acquéreurs. C'est la start-up blockchain Fluidity qui a rendu cela possible.

Fluidity

Fluidity a créé en collaboration avec la start-up blockchain Propellr des *smart contracts* qui renouvellent l'approche de l'investissement immobilier. Ce développement a été utilisé pour ce bâtiment et s'exempte totalement de financements bancaires. Des tokens ont été créés afin de représenter la dette du promoteur. Chaque token représentait donc une fraction de la dette. L'acheteur du token peut soit le conserver dans la blockchain, soit le transformer en argent. L'acheteur se voyait rétribué par l'entreprise émettrice *via* des intérêts financiers.

Anthony Pompliano, fondateur/CEO de Morgan Creek Digital, énonce dans la vidéo de Bloomberg le point suivant : « Il n'y a que quatre types d'actifs que l'on peut posséder dans le monde : action, obligation, devise, bien meuble. Nous pensons que chacun d'entre eux peut être digitalisé, c'est ça tokeniser le monde. » Ryan Serhant[1] ajoute que « littéralement, 35 millions

---

1. Très célèbre courtier immobilier américain, auteur et personnalité médiatique, Ryan Serhant possède la meilleure équipe commerciale de New York et la troisième meilleure des États-Unis d'après le *Wall Street Journal*.

d'investisseurs pourraient posséder une part du projet pour 1 dollar, quand cela a-t-il été possible dans l'immobilier ?». En fait, ce n'est pas encore possible aujourd'hui aux États-Unis, la régulation et la démocratisation de ces usages restent des enjeux de taille pour que cela se produise réellement. L'enjeu de la régulation est fort puisque, pour l'instant, ces tokens ne peuvent être accessibles uniquement par des investisseurs accrédités aux États-Unis (haut ticket d'entrée, inspection du SEC[1] assez lourde, démarche de KYC, AML…).

KYC et AML

Depuis les années 2000, la notion de KYC et d'AML est indispensable à l'investissement financier. Le but du KYC (Know Your Customer) est de s'assurer de l'identité réelle des personnes utilisant un service financier (à cet effet, elles doivent apporter une preuve tels qu'une pièce d'identité ou des documents de domiciliation). Quant à l'Anti-Money Laundering (AML), il relève de l'entièreté des mouvements financiers effectués grâce audit service. Des opérations de plus de 10 000 dollars doivent être déclarées et traçables et les fonds obtenus doivent être détenus pendant un minimum de cinq jours ouvrables avant le transfert de propriété. Ces deux usages sont appliqués régulièrement dans l'environnement « crypto » afin de s'assurer du profil de l'investisseur et de lutter contre le blanchiment d'argent ou le financement du terrorisme.

Si la situation bancaire d'un pays ne permet pas aux banques de prêter facilement aux promoteurs immobiliers, ils ont désormais la possibilité de se faire financer, directement auprès de particuliers.

---

1. La SEC, pour *Securities and Exchange Commission*, est, aux États-Unis, l'équivalent de l'Autorité des marchés financiers (AMF) en France.

Certes, l'usage de ce type d'outil est révolutionnaire pour le montage d'une opération immobilière mais cela reste néanmoins risqué.

En effet, il faut tout de même considérer qu'un projet immobilier quel qu'il soit n'est pas assuré de prendre constamment de la valeur. Ce type d'outil permet certes d'ouvrir l'investissement à un plus grand nombre mais peut aussi engendrer le risque de générer une bulle spéculative similaire à celle des *subprimes* de 2007.

Risques de dérives : rappel des *subprimes*

En septembre 2007 débute la crise des *subprimes* qui trouve son origine dans le fonctionnement bancaire et financier de l'époque et le monde de l'immobilier. Au début des années 2000, l'économie mondiale se porte bien, mais les taux d'intérêt bancaire sont très bas. L'existence de faibles taux d'intérêt rend notamment l'achat d'obligations – bons du Trésor – auprès des États avantageuse pour les investisseurs. Car de faibles taux d'intérêt bancaire impliquent de faibles rémunérations pour les acheteurs de bons du Trésor. Naît alors un intérêt croissant du monde de la finance pour le secteur de l'immobilier.

L'immobilier est considéré comme un secteur très peu risqué, il s'agit d'investir dans « la pierre », élément qui gagne « toujours » de la valeur, c'était l'approche des plus gros investisseurs financiers de l'époque. Dans le même temps, les banques accordaient parfois des prêts immobiliers à des emprunteurs qui possédaient un bon dossier, mais se révélaient en défaut au cours du prêt[1] ou à des emprunteurs qui étaient déjà en situation précaire et avaient de fortes prédispositions à un non-remboursement dudit prêt[2]. Les banques prenaient donc de gros risques lorsqu'elles finançaient ces *subprimes.*

---

1. Cette catégorie d'emprunteur était prénommée les *primes.*
2. Cette catégorie d'emprunteur était prénommée les *subprimes,* d'où l'appellation de la crise.

C'est là que cela devenait intéressant pour les investisseurs. En effet, la prise de risque élevée leur permettait d'envisager de bons retours sur investissement, et avait doublé l'analyse selon laquelle les prix de l'immobilier ne pouvaient qu'augmenter et que la demande du marché était constante, les banques ont alors démultiplié les prêts bancaires à des catégories d'emprunteurs *subprimes*. L'emprunteur ayant contracté une dette auprès d'une banque, l'investisseur rachetait la créance bancaire du client en l'échange de rémunération. S'ensuivit un cercle vicieux dans lequel les banques accordaient des prêts à tout-va pour ensuite reporter la créance client sur les investisseurs. Les médias encourageaient les particuliers à s'endetter car les taux étaient bas, les banques accordaient des prêts à presque tout le monde, les investisseurs obtenaient de bons retours sur investissement. Tout ce processus a engendré de façon mécanique une hausse des prix de l'immobilier qui elle-même a généré une hausse des défauts de paiement. Une multitude de biens immobiliers se sont retrouvés sur le marché à des prix exorbitants mais personne ne pouvait les acheter. C'est ici que la bulle spéculative a explosé et qu'est née la célèbre crise financière mondiale de 2007-2008.

Acheter des dettes pour déporter un remboursement n'est donc pas nouveau, c'est bien ce qui peut faire peur. L'usage de la blockchain par les promoteurs pour déporter de la dette semble relever d'un processus similaire à celui de la crise des *subprimes*. Quelques variations sont tout de même à noter : le système financier a tiré leçon de la crise des *subprimes* en imposant plus de régulations (augmentation des réserves bancaires légales, accord de prêt avec un minimum de reste à vivre acceptable, etc.), ce sont directement les promoteurs qui recherchent des financements non des particuliers, le risque est dilué sur un même bien/un même type de bien par la diversité des investisseurs.

Il convient toutefois de se souvenir des déboires de ces crises financières pour ne pas reproduire les mêmes erreurs.

Les possibilités offertes par le financement d'opérations par les technologies blockchain semblent conséquentes bien qu'il convienne de rester averti quant aux éventuelles dérives. Néanmoins, combiner ces usages avec celui des *smart contracts* pourrait être judicieux pour améliorer le suivi financier des opérations de promotion immobilière. À cet effet, le cas de la Vente en Futur État d'Achèvement (VEFA) est particulièrement intéressant.

Utiliser les *smart contracts* pour faciliter le suivi financier d'une opération : l'exemple de la VEFA

On peut imaginer un contrat dédié à la vente en Vente en Futur État d'Achèvement (VEFA). Dans le cadre de la VEFA, un promoteur peut actuellement réaliser *a minima* 4 phases pour appeler les fonds (article R261-14 Code de la construction et de l'habitation)[1].

Chaque phase d'appel de fonds correspond à une étape clé d'accomplissement chantier (achèvement des fondations, mise hors d'eau, achèvement travaux, réception). À chaque étape un pourcentage du prix global du bien vendu est appelé.

Si un bien coûte 100 000 €, lorsque l'achèvement des fondations aura lieu, 25 000 € seront appelés[2]. Il se peut que, pour certaines phases de chantiers importantes (fondations, mise hors d'eau,

---

1. « Les paiements ou les dépôts ne peuvent excéder au total 35 % du prix à l'achèvement des fondations, 70 % à la mise hors d'eau, 95 % à l'achèvement de l'immeuble. Le solde est payable à la mise à disposition de l'acquéreur… » – https://www.legifrance.gouv.fr/affichCodeArticle.do?idArticle=LEGIARTI000006896606&cidTexte=LEGITEXT000006074096

2. Dans le cas où 25 % sont appelés à l'achèvement des fondations. Dans cette hypothèse, le promoteur aurait appelé par exemple 10 % des fonds à l'ouverture chantier afin de ne pas dépasser les paiements ou les dépôts réglementaires correspondant à 35 % du prix à l'achèvement des fondations.

achèvement des équipements…), un organisme de contrôle vienne attester de la réalisation de cette phase chantier. Ce contrôle peut aussi avoir lieu à chaque phase du chantier.

Pour cela, ledit organisme effectue de nombreuses démarches sur la conformité des travaux avec le permis déposé, la solidité des structures réalisées, la conformité avec la réglementation, etc.

Une fois ces éléments validés et constatés par le promoteur et les acquéreurs (idéalement), ces derniers doivent rencontrer leurs banques pour valider l'appel de fonds – idéalement *via* un papier qui atteste de la phase chantier réalisée. C'est uniquement à ce moment que le promoteur peut espérer encaisser les fonds puisque ledit document permet d'attester officiellement la réalisation chantier d'une étape clé du projet.

Les appels de fonds de chaque étape chantier permettent au promoteur de financer étape par étape la réalisation des travaux.

Cela le laisse toutefois dépendant de nombreuses choses : le délai de traitement du notaire, de l'acheteur, du banquier, mais aussi de sa capacité à continuer l'avancement des travaux malgré le non-paiement immédiat de la phase des travaux ou encore du potentiel arrêt des travaux tant que l'encaissement des fonds n'est pas constaté…

Le devoir d'envoyer à chaque acquéreur les éléments de validation d'avancement des travaux peut rendre les démarches très lourdes. À noter que 4 appels de fonds correspondent au minimum réglementaire. Très souvent les appels de fonds se décomptent au nombre de 8, ce qui peut engendrer de reproduire la démarche 8 fois.

Désormais, imaginez l'existence d'un contrat intelligent utilisé pour le déblocage des fonds.

L'expert représentant l'organisme de contrôle disposerait d'une interface pour transférer son audit d'avancement des travaux et ainsi valider l'étape clé. Une blockchain permettrait de certifier l'authenticité de l'expertise et ses potentielles modifications seraient tracées.

Une fois l'avancement des travaux validé, les fonds pourraient automatiquement être prélevés sur le compte bancaire du particulier. De cette façon, de nombreux échanges intermédiaires seraient supprimés. De même, un souci de poids pour le promoteur immobilier serait levé : celui d'avancer les fonds trop longtemps à cause du délai de déblocage des fonds ou de risquer de retarder la livraison en attente d'un encaissement.

En réalité, intégrer la blockchain le plus en amont possible d'un projet peut être extrêmement intéressant. L'alternative qui semble la plus fluide en termes d'utilisation de la technologie blockchain et du *smart contract* serait que le financement projet par le particulier se fasse lui aussi entièrement par la blockchain et une cryptomonnaie/un token. Ce serait donc immédiatement le maître d'ouvrage et/ou promoteur qui gérerai(en)t de façon automatisée les appels de fonds. Cela apporterait beaucoup plus de fluidité dans l'exécution du contrat puisque utiliser la technologie blockchain aurait deux atouts pour l'acquéreur : tracer l'évolution du chantier en temps réel, optimiser les chances de livraison de l'immeuble dans les délais. Pour le promoteur, le gain serait, lui aussi, double : disposer de liquidité dès qu'une phase travaux est réalisée, ce qui a pour effet direct de minimiser les risques de l'opération, fluidifier les échanges d'informations sur l'avancement chantier, et améliorer grandement l'échange avec les clients.

En effet, tout comme des plateformes de suivi ont été créées pour la transaction immobilière *(cf. chapitre 2),* il est imaginable de créer une plateforme similaire dédiée à la vente en VEFA. Tout le processus de vente pourrait être inscrit dans la blockchain de même que les mécaniques d'appel de fonds, d'avancement des travaux, etc. Les investisseurs auraient de cette manière une complète visibilité sur l'évolution du projet. Les acheteurs auraient une lisibilité sur l'exécution des travaux et l'avancement. Le promoteur, quant à lui, disposerait de liquidités à souhait.

Il y a aussi un usage envisageable pour la phase travaux.

En effet, le constat d'avancement des travaux pour la promotion peut être étendu aussi côté sous-traitants. On peut très bien imaginer un système où le maître d'ouvrage et/ou le maître d'œuvre valide(nt) un avancement des travaux *via* un outil et que cela entraîne automatiquement la rémunération du sous-traitant pour le travail réalisé.

Un contrat intelligent s'exécuterait si et seulement si certains lots travaux s'avèrent réalisés. Une fois réalisés, le maître d'ouvrage n'aurait qu'à valider pour déclencher le versement. Le tout serait inscrit dans la blockchain et servirait ainsi de preuve en cas de litiges.

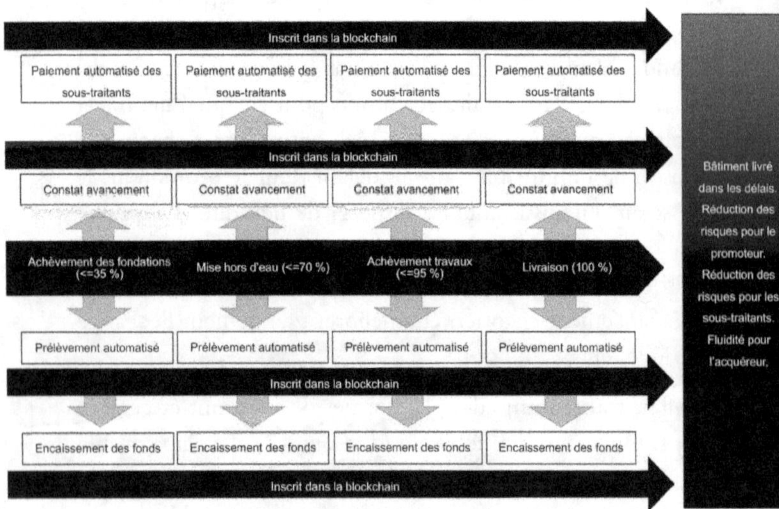

La blockchain appliquée à la VEFA

Bien entendu, il reste des limites. En voici l'une d'elles : est-il imaginable de penser que le bureau de contrôle ou le maître d'œuvre à eux seuls certifient l'achèvement d'une étape clé d'un chantier pour ensuite déclencher automatiquement un prélèvement de fonds ? Ce n'est pas le rôle du maître d'œuvre ni du bureau de contrôle d'enclencher des virements ou d'accorder un feu vert sur tout ce qui touche à la facturation, ce doit être le maître d'ouvrage.

Un système de double validation pourrait être envisagé pour surmonter cet obstacle, cela existe déjà de manière générale dans la réalisation de contrats. L'exemple le plus parlant est celui du de la multisignature Bitcoin[1].

Multisignature et verrouillage horaire : la blockchain Bitcoin et ses *smart contracts*

Pour effectuer une transaction sur la blockchain, un utilisateur dispose d'une clé privée qui lui permet d'accéder à la blockchain *(cf. p. 19)* et en principe, seulement une clé permet de réaliser une transaction. *Via* l'usage du Bitcoin, il est possible cependant de conférer une clé privée à plusieurs individus et d'instaurer une condition d'un minimum de signatures effectuées pour valider la transaction.

Prenons un cas concret : le constat d'avancement des travaux. Dans ce cas, il se peut qu'un promoteur travaille avec un sous-traitant en plomberie. Les deux personnes travaillent ensemble, mais l'une comme l'autre estiment qu'il y a besoin d'un tiers pour assurer le bon déroulement du contrat : un

---

1. Ludovic Lars, « Les smart contracts avec Bitcoin (3/3) : les cas d'utilisation », Cryptoast, 22 mars 2020 ; Ludovic Lars, « Qu'est-ce qu'un compte multisignatures ? », Cryptoast, 28 mars 2020 ; Ragnar Lifthasir (fondateur de l'Association internationale de la blockchain pour l'immobilier appelée International Blockchain Real Estate Association) : https://www.youtube.com/watch?v=1WcLOcWyfHk

maître d'œuvre par exemple[1]. De la même façon, le client, bien qu'il ait signé un contrat avec le promoteur immobilier, veut être assuré du bon respect des délais et de la qualité. Pour procéder à la validation de l'avancement des travaux, on peut imaginer le fonctionnement suivant : un *smart contract* qui exécute le paiement si et seulement si tous les cosignataires valident l'avancement, c'est-à-dire le futur acquéreur, le promoteur, le maître d'œuvre, le sous-traitant. Le paiement effectif au sous-traitant ne pourrait donc s'exécuter qu'au moment où la totalité des signatures serait compilée. À noter que l'utilité de développer quelque chose d'aussi complexe qu'une blockchain pour un nombre si important d'intermédiaires peut être légitimement questionnée. Le promoteur pourrait faire le choix de n'utiliser que la signature du maître d'œuvre et sous-traitant par exemple.

Une variante serait de ne nécessiter que trois signatures sur quatre par exemple. Un autre cas d'usage est imaginable pour une transaction immobilière : l'agent immobilier pourrait simplement se voir remplacer par un tiers de confiance lambda fiable pour les deux parties. En effet, la transaction immobilière ne pourrait avoir lieu que si le tiers de confiance valide l'échange par exemple. Ainsi, on se soustrairait des banques, des agents immobiliers et des coûts associés très simplement.

Bitcoin permet aussi de mettre en place des *smart contracts* qui activent un paiement dès qu'une échéance précise est atteinte. On peut imaginer le cas d'un dépôt de caution par un acheteur lors d'une signature de promesse de vente. Une validation automatique de l'encaissement de la caution 60 jours plus tard pourrait avoir lieu si l'acte n'est pas signé avec le vendeur.

Les perspectives de *smart contracts* sont multiples, c'est ce qui fait la richesse des technologies blockchain puisque en effet ces

---

1. L'existence d'un maître d'œuvre est très souvent indispensable afin d'éviter les conflits de responsabilité. Maître d'ouvrage et maître d'œuvre sont des métiers à part entière qu'il convient de séparer clairement lorsque l'on porte un projet immobilier.

derniers peuvent être créés sur Bitcoin, mais aussi sur Ethereum, Tezos, etc. qui sont chacune des blockchains avec leurs vertus propres.

Certains cas d'usage restent cependant très théoriques, et ce pour une simple et bonne raison : l'humain.

Concernant les *smart contracts*, constater qu'un travail réalisé n'est pas si simple. Cela peut varier d'un individu à l'autre. Un marché peut être réalisé de façon incorrecte pour l'un et pas pour l'autre. C'est là que la machine trouve sa limite. Le *smart contract* peut difficilement s'exécuter réellement de façon automatisée.

Imaginez que le *smart contract* dans l'immobilier doive parvenir à changer les habitudes de corps de métiers ancestraux pour certains. Peut-on imaginer un instant qu'un banquier n'enclenche pas lui-même le versement d'un montant, mais que ce soit la machine qui le fasse pour lui ?

De même, exécuter un contrat tel quel de manière automatisée mène potentiellement à ne pas se fier aux spécificités propres à chaque projet. Si une erreur a lieu quant au constat des travaux, comment la corriger[1] ?

Ces obstacles sont réels, mais l'adoption de l'usage des *smart contracts* ne semble pas non plus inimaginable. La blockchain n'en est qu'à ses débuts et les pratiques traditionnelles sont faites pour évoluer. Ces technologies sont en cours de développement et de nombreux obstacles pourraient être surmontés par la technique. L'ingénierie financière d'une opération de promotion immobilière bien qu'étant complexe pourrait vraisemblablement mettre en place ce type de mécanique relative au *smart contract*.

---

1. Une blockchain étant par nature non modifiable la question peut se poser.

De même, la blockchain permet non seulement un suivi financier d'une opération en temps réel, mais laisse entrevoir des perspectives intéressantes pour démultiplier la capacité à financer des projets.

Liquider en partie un actif immobilier pour financer un nouveau projet

La liquidité conférée par l'usage de tokens n'est pas moindre puisqu'elle permet à un promoteur de financer son opération par des investisseurs publics comme particuliers. En effet, l'amplitude d'investissement possible permet à chacun de participer au projet immobilier. Un cas intéressant est celui d'une promotion immobilière pour la location. Qu'elle soit destinée à des particuliers ou à des professionnels, la location de biens génère des revenus réguliers pour l'initiateur de l'opération.

Toutefois, un promoteur peut décider de renouveler une opération immobilière sur un nouveau terrain qu'il aura trouvé. Selon l'importance du nouveau projet, il pourra nécessiter de faire appel à des financements (privés, publics) une nouvelle fois. Il pourra choisir de vendre l'intégralité du bâtiment construit à un organisme de placement immobilier (type SCPI, OPCI). S'il souhaite néanmoins continuer à percevoir des revenus locatifs constants tout en valorisant une partie de ses actifs par la vente, l'usage de la blockchain serait fortement utile. La liquidité apportée par la tokenisation des actifs lui permettrait de céder une partie de ses actifs locatifs (générée à l'issue de sa première promotion) à d'autres investisseurs de manière fluide. Il pourrait percevoir ainsi un montant corrélé au volume de tokens qu'il détenait. Les actifs qu'il ouvrirait à l'achat pourraient, par exemple, représenter seulement 20 % des revenus locatifs générés. Parmi les 20 %, les trois quarts pourraient être détenus par des organismes de placement immobilier, le quart restant à des particuliers. L'atout pour chaque type d'investisseur serait de tracer en temps réel les revenus générés de manière fiable. Quant au promoteur, les 20 % vendus pourraient lui permettre de financer l'amorçage de son opération de promotion immobilière. De cette manière, il conserverait à la fois l'avantage de percevoir des revenus locatifs réguliers tout en bénéficiant d'un apport pour sa prochaine opération de promotion.

L'entreprise américaine Meridio développe ce cas d'usage extrêmement intéressant dans sa vidéo de démonstration.

Le cas Meridio

Meridio[1] est une start-up qui a rejoint récemment le groupe ConsenSys Codefi, entreprise blockchain spécialisée dans la création d'outils, d'infrastructures et d'applications sur les réseaux Ethereum. Meridio est spécialisée dans la tokenisation de propriétés immobilières pour connecter des investisseurs et des possesseurs d'actifs immobiliers. Meridio donne l'exemple du propriétaire d'un immeuble de bureau. *Via* Meridio, le propriétaire peut digitaliser les parts de son immeuble en parts de capital ou en dette pour ainsi les vendre à un plus grand groupe d'investisseurs immobiliers institutionnels et/ou des investisseurs particuliers. Le propriétaire du bâtiment peut suivre en temps réel les encaissements perçus par ses actifs et distribuer en temps réel – instantanément – les dividendes aux différents possesseurs de tokens. De cette façon, il peut obtenir rapidement des liquidités en valorisant ses actifs pour réinvestir dans de nouveaux projets.

Pour résumer les apports de la blockchain au sein de l'immobilier, nous pouvons nous référer à l'analyse de Bilal El Alamy (cofondateur d'Equisafe[2]) qui synthétise la vision de son

---

1. https://www.meridio.co
2. https://www.equisafe.io

entreprise sur les apports des technologies blockchain dans le financement immobilier.

L'analyse de Bilal El Alamy, fondateur d'Equisafe

« Il y a globalement quatre étapes dans la chaîne de valeur dans l'immobilier où la blockchain peut apporter de la valeur.

1. Conseil et structuration (avocats, notaire, acheteur, vendeur...) où traditionnellement il y a peu de collaboration et beaucoup de silos d'information. La blockchain apporte de la collaboration et du partage sécurisé et fiable.

2. La transaction immobilière au sein de quatre types d'instruments financiers : titre de propriété, société dite à prépondérance immobilière, fonds immobiliers, obligation collatéralisée par de l'immobilier. La blockchain permet de digitaliser le registre des mouvements de titres. Auparavant cela n'était pas possible ; sans la blockchain aucun des systèmes en place n'était reconnaissable en tant que système de preuve. On va pouvoir digitaliser un registre pour récupérer de l'information en temps réel, ce qui n'est pas le cas du registre papier classique puisque les droits et conditions suspensives de détention de celui-ci sont chez l'avocat et nécessitent une analyse récurrente à chaque demande. Je peux désormais avoir l'information en temps réel et disposer d'un outil d'agrégation des participations financières sur le non-coté. La blockchain apporte ainsi de la standardisation et de l'information en temps réel de son niveau de participation.

3. Cycle de vie : les assemblées générales peuvent mettre en place des systèmes de vote *via* blockchain. Un autre exemple est celui des dividendes. L'avantage de la blockchain, c'est qu'il est possible de verser des dividendes à tout le monde en même temps en une fraction de seconde, ce qui n'est pas le cas des back-offices des fonds immobiliers. La blockchain permet de s'émanciper du temps interbancaire (en moyenne 2 jours) aussi appelé "risque de contrepartie".

4. marché secondaire : on ne voit pas de liquidités d'un niveau Euronext. L'idée, c'est d'être à deux niveaux sur du non-coté :

• donner les outils pour faciliter la transaction grâce à l'automatisation des démarches types KYC, AML, du règlement de livraison, du risque de contrepartie ;

> • qu'il y ait 10 investisseurs ou 100 000, la blockchain ne fait aucune différence alors qu'en théorie plus il y a d'investisseurs, plus la gouvernance d'une société est complexe. Cela permet de fractionner la propriété en beaucoup plus de parts, comme nous l'avons fait sur l'hôtel AnnA. On rend tout de suite accessibles des actifs immobiliers à énormément de personnes. Les 10 % de rendement proposés par l'hôtel particulier ne sont théoriquement pas accessibles à l'investissement, jusqu'à l'arrivée de la blockchain. »

Enfin, pour synthétiser toutes ces approches sur les applications financières de la blockchain dans le secteur, on peut dire que la combinaison de ces technologies avec un secteur traditionnel tel que l'immobilier peut réellement créer un « combo gagnant ».

BLOCKCHAIN ET INVESTISSEMENTS IMMOBILIERS SONT COMPLÉMENTAIRES

La valeur immobilière comme outil de stabilisation de la monnaie

Il est souvent reproché aux cryptomonnaies d'être trop volatiles, de ne pas être des monnaies « réelles » ou encore de n'avoir aucune assurance de leurs valeurs.

Les cryptomonnaies dans l'immobilier pourraient trouver une vraie légitimé. L'immobilier est considéré comme un secteur stable, la « pierre » est un investissement de confiance pour la majorité des Français. Là où une incompréhension naît chez certaines personnes qui ne comprennent pas pourquoi quelque chose de non « préhensible » puisse tout de même jouer le rôle de monnaie, l'immobilier pourrait apporter une passerelle physique intéressante. En effet, l'immobilier se situe dans le monde « réel », il s'agit d'un bien mobilier qui peut être vu, touché, habité. De plus, la nécessité pour chacun d'entre nous de se loger confère quelque chose d'encore plus intéressant à la blockchain. L'immobilier crée une représentation des crypto-monnaies dans le monde réel, il définit physiquement la notion de propriété d'un bien. C'est une façon de créer une sorte d'attribut de « valeur » sur lequel le monde de la blockchain peut se baser. En effet, chaque bien immobilier est associé à une valeur (l'emplacement, les matériaux, la surface, etc.) définie par le marché (l'offre et la demande). Cela peut contribuer à la stabilisation de la valeur des cryptomonnaies.

De même, bien que l'expertise immobilière ne soit pas donnée à tout le monde, il n'en reste pas moins que la pierre constitue un placement privilégié pour 68 % des Français[1]. La sensibilité des individus au secteur est indéniable et pourrait apporter une forte lisibilité aux technologies blockchain.

L'immobilier apporte donc du crédit et de la visibilité aux technologies blockchain. Dans le même temps, ces technologies ont aussi un apport non négligeable pour le secteur.

La blockchain pour stimuler le marché immobilier

Nous l'avons constaté, la blockchain apporte une réelle valeur ajoutée dans la démocratisation de l'investissement au plus grand nombre. Elle permet également une forte amélioration de la liquidité des biens immobiliers en apportant notamment de la flexibilité sur les conditions de cession des actifs.

La portée internationale de cette technologie permettrait de dynamiser des zones où le développement immobilier est faible, mais aussi de trouver des investissements encore plus avantageux aux quatre coins du globe.

---

1. Next Finance, «Equisafe réalise la première vente d'immeuble *via* la blockchain en Europe», juin 2019.

En termes de risques, les paniers d'entrée étant très bas, une entreprise recherchant des financements et faisant potentiellement face à un défaut de paiement de la part des investisseurs ne prend pas beaucoup de risques du fait de leur multiplicité. La blockchain apporte une opportunité de diversifier ses sources de revenus – quel que soit le profil d'investisseur – tout en diminuant fortement les risques pour les émetteurs du marché.

Un atout de la blockchain est qu'elle permet aussi aux personnes non bancarisées d'accéder au système financier. Libra[1] a calculé qu'il y avait dans le monde 1,7 milliard de personnes non bancarisées et que parmi ces personnes, 1 milliard possèdent un téléphone portable et près d'un demi-milliard ont accès à Internet[2].

Permettre à ces personnes d'investir dans des projets immobiliers leur permettrait soit d'intégrer le système bancaire classique, soit simplement de générer des revenus suffisants pour vivre. L'ambition de la cryptomonnaie Libra peut être transposable à tout l'écosystème blockchain puisque 1,7 milliard de personnes qui n'ont pas accès au système bancaire est un enjeu colossal, où toutes les applications financières blockchain ont un rôle à jouer.

De même, sans parler de personnes non bancarisées, il reste extrêmement difficile pour un auto-entrepreneur ou une personne en CDD d'obtenir un prêt immobilier bancaire et donc de s'intégrer intégralement au système financier actuel. La banque préfère accorder des prêts à des personnes en CDI car la nature de leur contrat laisse sous-entendre qu'elles percevront un revenu régulier sur du long terme, ce qui rassure le prêteur. Un auto-entrepreneur peut très difficilement emprunter seul puisque

---

1. Cryptomonnaie annoncée par Facebook qui devrait voit le jour courant 2020.
2. A. Demirgüç-Kunt, L. Klapper, D. Singer, S. Ansar et J. Hess. Base de données Global Findex 2017 : « Mesurer l'inclusion financière et la révolution technico-financière. » World Bank Group, 2018.

uniquement les salaires versés sont pris en compte, or un auto-entrepreneur perçoit des revenus mais pas de salaires. Ses revenus sont déduits de charges et d'impositions, ce qui en réalité laisse place à de l'incertitude quant à la capacité de remboursement du prêt. Enfin, pour ceux qui détiennent une société, il est nécessaire qu'ils se versent un salaire régulier et que les bilans et comptes de résultat des trois dernières années soient encourageants.

Comme nous l'avons dit plus tôt, la capacité d'emprunt dépend des revenus de l'emprunteur, gagner 1 300 € net par mois laisse un reste à vivre relativement faible pour emprunter. La blockchain apporte un moyen d'investir de faibles montants pour renforcer sa capacité d'emprunt sur le long terme.

Permettre l'accès au financement immobilier à un nombre plus élevé de personnes pourrait faire naître certains projets immobiliers – investissement locatif, promotion… – qui n'ont pas été financés par des banques (pour cause de niveau de précommercialisation par exemple) et ainsi renforcer la vigueur du secteur immobilier, ce qui servirait à la fois les intérêts des professionnels du secteur, mais aussi des particuliers.

Pour résumer

Les technologies blockchain vont permettre d'apporter beaucoup plus de liquidité au secteur immobilier par l'usage d'actifs numériques appelés « tokens » qui facilitent l'accès à la propriété et fluidifient l'échange de biens parfois même au-delà des frontières.

Pour les professionnels du secteur, la blockchain permettrait une meilleure dilution des risques (ouverture globale à des financements de capitaux ou de dette) tout en offrant un moyen de gérer une opération immobilière avec plus de transparence, et offre des perspectives de gestion encourageantes pour développer leur activité.

La traditionnelle présence du secteur immobilier couplée avec l'usage des technologies blockchain pourrait créer une synergie extrêmement intéressante où les versants d'un secteur (stabilité de valeur de l'immobilier) pourraient apporter à l'autre (démocratisation de l'accès à la propriété).

En 2015, l'immobilier représente 537 milliards d'euros, soit 14 % de l'ensemble de la production des branches en France[1] et presque 18 % de la valeur ajoutée brute rapportée au PIB.

En 2017, l'immobilier, c'est 217 000 milliards de dollars, soit 2,7 fois le PIB mondial d'après l'Institut de l'épargne immobilière et foncière (données tirées du cabinet d'études Savills[2]). 780 milliards de dollars correspondent à la valeur d'actifs immobiliers échangés en 2016. Ajouté à cela, les principales applications blockchain restent majoritairement dans la finance. Les perspectives de développement des technologies blockchain dans ce secteur sont donc colossales.

Par ailleurs, investir dans un bien immobilier n'est pas tout, il faut par la suite gérer ce bien sur de nombreux aspects. À cet effet, nous allons voir comment la blockchain contribue à optimiser la gestion immobilière.

---

1. Jean Bosvieux, « L'immobilier, poids lourd de l'économie », Constructif, mars 2018.
2. Gaël Thomas, « Quand l'immobilier pèse trois fois plus que le PIB mondial », Business Institut de l'Épargne Immobilière et Foncière (16 février 2016).

Chapitre 4

Optimiser la gestion immobilière

*« Vous devez penser à la blockchain
comme un nouvel usage.
C'est un nouveau réseau utilisé
pour transférer de la valeur et des actifs. »*

William Mougayar,
auteur de plusieurs ouvrages sur la blockchain

Diversifier l'accès à la gestion financière

Favoriser l'insertion sociétale

L'investissement locatif est une option envisagée par bon nombre de Français. Il est désormais clair que la blockchain permet une vaste ouverture à l'investissement par sa flexibilité technologique, notamment liée au fractionnement des actifs. En effet, pouvoir diviser un appartement ou un capital de société en des parts infimes permet à des investisseurs de tous types d'accéder à des revenus locatifs à haut rendement – au prorata de leur investissement. Ainsi, la blockchain permet à n'importe qui de démarrer une activité d'investissement locatif puisque les tickets d'investissement peuvent démarrer dès 1 centime d'euro ou encore dès 10^{-8} bitcoin, 10^{-18} ETH, etc.

Toutefois, investir dans le locatif n'est pas qu'une affaire de rentabilité, c'est aussi loger quelqu'un soit en tant que propriétaire bailleur, soit par l'intermédiaire d'un bailleur. Avant de louer un bien, il est nécessaire de trouver le locataire qui a le «bon» profil, notamment celui qui sera en mesure de payer.

Un sondage d'octobre 2018 coélaboré par Youse et Opinion Way auprès de 1 700 sondés dont 500 locataires et 500 propriétaires révèle des données remarquables.

Il convient de noter qu'en France 74 % des propriétaires seraient réticents à louer leur bien lorsque le locataire ne dispose pas de CDI. De plus, louer un appartement est perçu comme difficile par 68 % des sondés. Un locataire sur 3 s'est déjà vu refuser l'accès à un logement et 86 % d'entre eux trouvaient cela injuste car ils s'estimaient en mesure de payer le loyer[1].

---

1. Hélène Dupuy, «Immobilier : pourquoi les propriétaires ont peur de louer ?», *Les Échos,* 11 octobre 2018.

C'est ainsi que la blockchain se révèle aussi au sein d'actions sociétales. Un freelance peut désormais emprunter facilement afin d'accéder à la propriété, qu'elle soit destinée à la résidence principale ou à l'investissement locatif.

Nous allons, à cet effet, nous intéresser à l'opération RENT réalisée par Masteos en novembre 2019 qui est la toute première transaction immobilière réalisée entre deux particuliers sur la blockchain.

L'opération Rent Masteos[1]

Masteos est une start-up qui fait du conseil en investissement locatif qui identifie précisément des biens, porte les projets, effectue le montage juridique et fiscal puis la recherche de financement. Elle dispose aussi d'une activité travaux et de gestion locative. L'objectif de Masteos est de fournir un service clé en main pour les personnes qui n'ont pas le temps ou l'expertise dans le domaine immobilier *via* une application de *sourcing* et *matching* qui permet également d'effectuer un suivi continu de la totalité d'un projet immobilier.

Un des versants du développement de Masteos concerne la blockchain, l'opération Rent Masteos en est l'illustration.

Le 6 novembre 2019 Equisafe et Masteos ont réalisé la toute première transaction immobilière entre particuliers de France. C'est lors du salon Rent – salon immobilier français dédié aux nouvelles technologies et à l'immobilier – qu'a eu lieu l'opération. Selon l'Insee[2], 25 % de la population active n'est ni salariée ni en CDI, soit l'équivalent de 7 millions de personnes (freelances, CDD) qui n'ont pas accès à l'emprunt bancaire pour investir dans l'immobilier locatif. L'opération Rent Token est une première expérience pour démocratiser l'investissement locatif.

---

1. https://www.masteos.com/swap/rent
2. Insee Première, *Une photographie du marché du travail en 2018*, mars 2019.

D'une part, Paul, designer graphique freelance, possède des fonds propres et souhaite acheter un bien à crédit, mais aucune banque ne lui accorde un prêt à cause de son statut. D'autre part, Florent (en CDI) a investi l'année dernière et recherche des fonds propres pour investir dans un nouveau bien mais souhaite conserver en partie son premier investissement locatif.

Ce sont eux qui ont servi de « cobayes » à l'expérience. Paul a bénéficié de la capacité d'emprunt de Florent et ce dernier a pu monétiser et céder une partie de son bien contre des fonds propres.

Afin de mener à bien l'opération, Florent a créé une SAS (société par actions simplifiée) – assisté du cabinet d'avocats et de notaires Thésée Associés – dont les statuts ont été paramétrés pour se conformer au fonctionnement de l'interface blockchain. Florent a par la suite vendu son appartement à ladite société par acte notarial classique. C'est ensuite Masteos qui est intervenu pour assurer la gérance de l'appartement. La société a contribué à la tokenisation des parts de la société aux côtés d'Equisafe. 41 % des actions de la société ont ensuite été vendues à Paul, rendant ce dernier copropriétaire du bien avec Florent.

Ce qui est révolutionnaire, c'est que les technologies blockchain permettent réellement à n'importe qui d'investir, quel que soit son profil. On trouve ici une optimisation considérable puisque l'on peut désormais distribuer l'argent entre demandeur et offreur de liquidités de la façon la plus fluide qui soit. Il reste toutefois à remarquer une subtilité importante sur ce type d'opération. En effet, il s'agit, dans ce cas, d'une société qui détient un appartement et c'est la société qui émet des parts correspondant à la valeur de l'appartement. L'opération Rent fait des cocontractants, des associés.

En France, il est, réglementairement parlant, bien plus facile de fractionner les parts d'une société détenant un bien/parc immobilier que de fractionner directement la propriété elle-même. La notion de propriété est en France régie entièrement par l'État (notariat et publicité foncière), ce qui empêche de vendre directement x % de son appartement pour z % de sa valeur.

Par ailleurs, il reste relativement intéressant de constater que le fractionnement de l'investissement permis par les technologies blockchain encourage les investissements multiples.

Co-investir pour bénéficier d'une rentabilité

Nous l'avons énoncé dans le chapitre précédent, la difficulté à investir dans l'immobilier est réelle et les étapes sont parfois longues et fastidieuses. La blockchain apporte une forte valeur ajoutée dans l'accession à la propriété et, en conséquence directe, à l'investissement locatif partagé.

Certaines plateformes (Equisafe, Olarchy, Indiegogo avec BitProperty, Atlant…) permettent d'investir partout dans le monde tout en respectant les contraintes réglementaires et législatives distinctes dans chaque pays.

Cette diversité d'investissement qu'ouvre la blockchain permet même à un plus grand nombre de personnes d'investir et d'accéder à la propriété d'un même bien.

On pourrait imaginer l'existence d'un bien de 80 m^2 à 1 200 000 € dans le XVe arrondissement avec un potentiel locatif de 2 500 € par mois, soit un taux de rentabilité brut[1] annuel potentiel de 2,5 %.

Pierre souhaite acquérir un bien en banlieue parisienne afin de le destiner à l'investissement locatif. Il préfère privilégier un bien d'une superficie suffisamment grande afin de disposer de locations familiales sur le long terme. Ce profil de locataire lui semble plus tranquille et moins contraignant. Or, Pierre ne possède pas les fonds nécessaires pour accéder à la propriété. Admettons que ce profil d'investisseur soit assez intéressant. Il

---

1. Donc hors charges.

serait idéal que ces investisseurs joignent leur capacité d'investissement pour acheter ce type de bien.

Admettons qu'ils soient au nombre de 100 et que chacun d'entre
eux dispose d'un ticket de 12 000 € pour l'investissement.

On se retrouverait dans le cas suivant : 100 personnes seraient
propriétaires d'un bien immobilier destiné à l'investissement
locatif et chacune d'elles percevrait donc 25 € par mois, soit un
taux de rentabilité brut de 2,5 %.

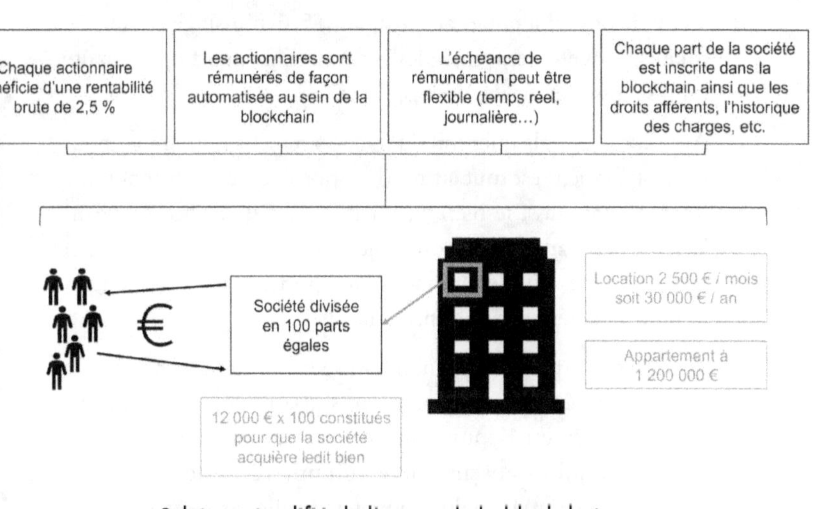

Schéma simplifié de l'usage de la blockchain
pour de l'investissement locatif en France

En France, un tel cas est envisageable si et seulement si c'est une
société constituée de ces 100 actionnaires qui achète ledit appartement grâce à l'apport des actionnaires, à savoir 12 000 € × 100.
Les actionnaires possèdent une part de la société détentrice du
bien. Les 25 € mensuels seraient perçus au titre de dividendes.

Ce que permet la blockchain, c'est de créer des règles communes
à l'actionnariat de façon automatisée *via*, par exemple, des *smart*

contracts qui précisent l'échéance de réception des dividendes par tous les actionnaires. Créer une société avec 100 actionnaires qui investissent un certain montant pour de l'investissement locatif est fortement facilité par la blockchain puisque des règles communes à tous les actionnaires peuvent être érigées rapidement.

S'il s'avérait que l'actionnariat passe à 10 000 personnes détenant des parts équivalentes, il serait de même facile de fractionner des actifs en des parts plus infimes (1 200 € par exemple) et d'ainsi recevoir des dividendes au prorata (2,5 €/mois)[1]. En effet, les tokens peuvent renfermer les informations que l'on souhaite qu'il s'agisse de droits, de montants…

Aux États-Unis, la question du fractionnement immobilier pour l'investissement est tout autre. Il est possible de fractionner une société, mais aussi le bien en lui-même, c'est-à-dire que dans le cas de l'appartement énoncé plus haut, ce serait littéralement 100 personnes qui détiendraient une portion de l'appartement et non la société qui les représente.

Toutefois, ces perspectives d'investissement multiples posent des questions intéressantes notamment sur la notion de propriété. L'immobilier est depuis toujours un secteur réservé à des personnes qui disposent d'une certaine capacité financière. Ainsi, posséder un bien deviendrait accessible à tous et la copropriété au sens littéral du terme serait une banalité.

---

1. Bien entendu, de nombreux coûts ne sont pas énoncés afin de faciliter l'explication : avocat, frais d'enregistrement, frais de gestion…

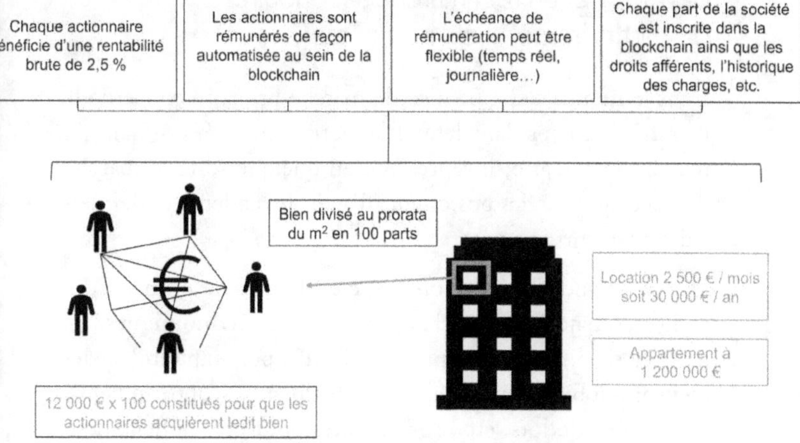

**Schéma simplifié de l'usage de la blockchain
pour de l'investissement locatif aux États-Unis**

Quels que soient les cas envisagés, le fractionnement d'un bien immobilier en de multiples parts permet à des investisseurs qui ont très peu de liquidités d'accéder à l'investissement locatif. Sur le long terme, ce type d'investisseur sera en mesure de se créer un patrimoine immobilier sans avoir à s'endetter fortement ou à changer radicalement son niveau de vie. C'est une évolution socio-économique majeure permise par la blockchain.

En conséquence directe du fractionnement immobilier, nous avons la notion de marché secondaire de l'immobilier qui prend une nouvelle dimension grâce à la blockchain.

Développer un réel marché secondaire des actifs immobiliers non cotés

Dans le monde de la finance, le marché primaire concerne le marché financier dans lequel les actifs sont créés. Quant au marché secondaire, il représente en quelque sorte le marché de l'occasion où des possesseurs d'actifs revendent ces derniers à des acheteurs.

Dans le monde de l'immobilier, c'est le marché primaire qui réalise la majorité des échanges financiers économiques. Le marché secondaire est, quant à lui, très peu exploité car les biens immobiliers qu'il s'agisse de bâtiments, d'appartements, d'ensemble de lots, etc., sont réputés pour être difficilement revendables. En effet, les titres présents sur le marché secondaire sont souvent assimilés à des actifs en perte de valeur. C'est en particulier vrai dans l'immobilier puisqu'un bâtiment possède un cycle de vie qui le rend moins attractif au fur et à mesure des années car il nécessite de l'entretien, voire des travaux de rénovation sur le long terme.

Mais pourquoi a-t-on besoin d'un marché secondaire en immobilier ?

Le marché secondaire des actifs a plusieurs vertus :

• il fixe le prix réel des actifs relativement à l'offre et à la demande ;

• il agit tel un indicateur sur la santé réelle économique d'un pays ;

• il permet d'apporter de la liquidité à l'économie lorsque les vendeurs peuvent rapidement trouver des acheteurs.

Un marché secondaire existe car la valeur d'un actif change au sein de l'économie de marché du fait des technologies, des besoins utilisateurs, des dépréciations, etc. Historiquement, le marché secondaire a permis de réduire les coûts de transaction, d'accroître la fréquence des échanges et de promouvoir la transparence de marché.

Ces vertus du marché secondaire pourraient toutes s'appliquer à l'immobilier qui connaît de plus une récente accélération depuis 2009 (fin de la crise des *subprimes*)[1].

L'apport d'innovations telles que la blockchain contribue au développement efficace d'un marché secondaire de l'immobilier. Dans l'investissement, il est très souvent dit qu'il ne sert à rien de posséder une multitude d'actifs immobiliers si ceux-ci s'avèrent non liquides. La liquidité en immobilier, c'est comme la valeur.

Au lieu de chercher à améliorer le système traditionnel existant, la blockchain permet de créer une interface qui apporte de la liquidité, réduit l'opacité des prix, amoindrit les coûts et les délais.

Le fractionnement des actifs en des parts réductibles proches de l'infini est relativement favorable à l'extension d'un marché secondaire global accessible à tous. En effet, il est possible à tout un chacun d'accéder à la propriété (bien qu'il puisse s'agir d'un millionième) et de profiter d'acheter et de revendre la valeur de ses actifs sur une place de marché dédiée. Ainsi, un nombre plus grand d'investisseurs pourra s'échanger de la liquidité et de ce fait favoriser l'émergence d'un marché qui évolue rapidement en termes d'offre et de demande.

---

1. Lauren Furlan et Olga Vasilieva, «Secondary transactions become prime opportunity for real estate investors», PWC, 25 juillet 2018.

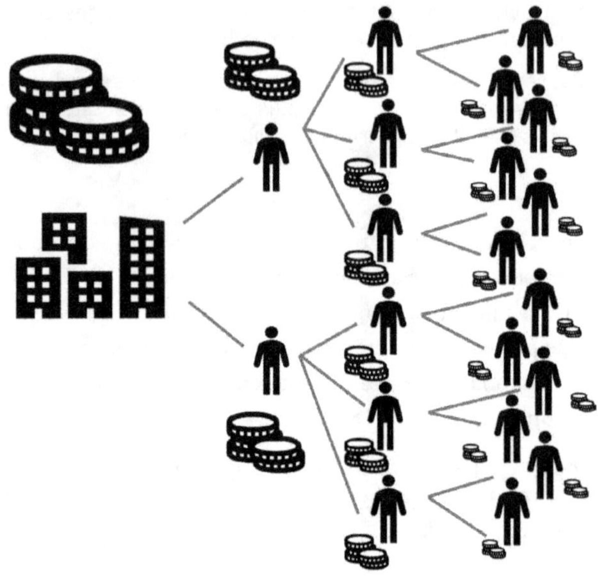

Le marché secondaire de l'immobilier bénéficie
de l'usage des tokens

De même, créer une plateforme qui répertorie l'ensemble des biens immobiliers vendus et à vendre – zone géographique, par catégorie de bien – de façon fiable, authentique et complète permet d'obtenir une lisibilité complète sur le marché. En effet, cela contribue fortement à l'accroissement des échanges d'actifs puisque cela ouvre aux investisseurs des moyens d'analyse concrets pour encourager l'achat et la vente d'actifs immobiliers.

Dans le schéma précédent, nous voyons que des investisseurs disposent de tokens représentant une fraction du bien immobilier (ou de la société détentrice) et qu'ils le distribuent à d'autres actionnaires en les échangeant.

Ce qui est extrêmement favorable au marché secondaire, c'est justement la capacité offerte par la blockchain de distribuer les actifs qui correspondent précisément à un bien. En effet, la blockchain dispose d'une technologie qui pour la première fois permet à un investisseur lambda d'investir sur la rentabilité précise d'un bien immobilier là où le secteur traditionnel ne le permet pas (même pour les SCPI).

Selon Baptiste Saint-Martin, Product Development Manager chez l'entreprise Mata Capital, « la blockchain permet de proposer de gros actifs "flagship" et de faire une opération particulière sur laquelle on pourra lever des capitaux sur un actif bien identifié ».

De plus, nous avons constaté *(cf. chapitre 2)* que le changement de propriété peut être très coûteux (au vu du nombre d'intermédiaires potentiellement présents) et très chronophage (six mois à un an pour être effectif en France après validation de l'acte), ce qui fait du transfert de propriété, qu'il soit partiel ou complet, un élément peu incitatif à l'échange rapide de biens.

La plupart des investisseurs favorisant la liquidité du marché, donc la capacité à pouvoir retirer l'argent « du jour au lendemain », ne choisissent clairement pas l'immobilier. Permettre de fluidifier ces opérations par la blockchain soit en fractionnant des parts de société détentrices de biens (utiles en France notamment[1]), soit en fractionnant les biens eux-mêmes de manière fluide et automatisable crée un réel attrait pour le marché secondaire de l'immobilier.

Enfin, il y a un dernier élément qu'il convient tout de même de soulever. Nous avons énoncé que le marché secondaire a, à ses débuts, peu intéressé parce que souvent assimilé au marché des biens immobiliers qui perdent de la valeur. Sans parler de la volatilité apportée par les cryptomonnaies sur un marché plutôt

---

1. Puisque la gestion directe des transferts de biens immobiliers est gérée par l'État lui-même.

stable comme l'immobilier ou encore des perspectives d'investissement partout à tout moment, il est remarquable de noter que fractionner une société détenant un bien en de nombreuses parts permet même de transférer un usage. En effet, on peut inscrire dans un token la notion d'usage, c'est-à-dire d'utilité du token dans un espace donné.

Il est imaginable de donner un usage spécifique à ces tokens afin de leur permettre d'assurer une tenue réelle de valeur sur le long terme. Plusieurs usages sont envisageables : une réduction accordée pour l'achat de x tokens, des partenariats permettant d'obtenir des remises pour les commerces situés aux alentours, une exemption de charge de copropriété (prise en compte par la plateforme qui offre le token), une réduction pour l'achat de tokens relatifs à une autre propriété détenue par une société, une réduction des frais d'électricité ou d'eau, une récompense pour la détention pendant trois ans des tokens, l'accès à des services gratuitement ou à coût réduit (gestion locative, gardiennage…), le paiement des charges de copropriété, etc.

L'apport blockchain au marché secondaire de l'immobilier est donc une réalité, nous n'en sommes pourtant encore qu'aux prémices.

Préluder à la naissance d'un marché secondaire optimal

Toutefois, l'arrivée de places de marché secondaire qui permettent de répertorier les actifs non cotés (tels qu'immobiliers) et de suivre l'évolution de leur cours en temps réel n'est pas encore immédiate.

À cet effet, nous allons nous intéresser tout particulièrement à l'analyse de Baptiste Saint-Martin, Product Development Manager chez l'entreprise Mata Capital, société de gestion immobilière française qui utilise la blockchain. La solution blockchain développée par ConSensys est utilisée par Mata Capital avec le conseil de Screeb Notaires (office notarial innovant)[1].

La solution a pour objectif d'optimiser la compréhension et la prise en main des clients-investisseurs, la vente de produits financiers non cotés et de permettre l'achat ou la revente de ces valeurs après avoir acheté l'actif.

L'analyse de Baptiste Saint-Martin, Product Development Manager de Mata Capital

« Qu'il s'agisse de SCPI ou d'investissement personnel, le problème aujourd'hui des actifs non cotés et donc immobiliers, c'est qu'il est plutôt complexe de revendre un immeuble ou des parts de SCPI.

À Paris, si un appartement est très bien localisé, effectivement la durée de vente moyenne d'un appartement sur Paris étant très basse (moins d'un mois), il n'y a aucun problème pour revendre.

Néanmoins, cela n'est pas du tout représentatif du marché immobilier en général en France. Il faut bien garder en tête qu'aujourd'hui nous sommes sur des niveaux de valorisation très élevés et sur un cycle économique qui est en haute courbe[2], mais il se pourrait que ça change.

Ce que permet la technologie blockchain, de manière simplifiée à ce qui existe maintenant, c'est justement de faciliter l'organisation d'un marché secondaire. J'insiste bien sur le fait qu'actuellement nous sommes sur du prospectif, il reste beaucoup de contraintes réglementaires sur l'organisation et l'opération d'un marché secondaire. Ce qu'il est possible de faire aujourd'hui très facilement, c'est de vendre des participations détenues dans une SCPI à un autre investisseur connu. Des tokens peuvent être vendus

---

1. David Nathan, «Une plateforme blockchain destinée aux fonds immobiliers», Cryptonews, 22 juillet 2019.
2. À noter que lors de l'échange (le 4 mars 2020), l'économie nationale et internationale n'était pas encore impactée par le coronavirus.

et achetés directement sur notre plateforme et le transfert de propriété est reflété à l'instant T dans la blockchain. Cela fonctionne très bien et nous pensons que c'est un grand pas sur la mise en place d'une liquidité sur les investissements non cotés.

Une autre étape serait de créer un équivalent du Bon Coin des parts de produits non cotés et d'avoir des personnes qui vendent 0,003 action de telle société pour 100 € et qu'un marché s'opère de cette manière-là. De nos jours, il n'y a pas de solutions type "place de marché" en France car au niveau du régulateur, il y a beaucoup de discussions et il est difficile de savoir ce qu'il est possible de faire ou de ne pas faire. Dans le futur, tout le monde espère qu'il y aura des places de marché sur lesquelles n'importe quel client qui possède des tokens de sociétés non cotées puisse les vendre sur le marché secondaire et les échanger comme sur les places boursières. Il s'agit réellement d'une réflexion à très long terme car la régulation ne le permet pas facilement. »

La création d'un marché secondaire pleinement effectif est donc soumise à une contrainte de temps puisqu'il faut attendre que les acteurs blockchain disposent d'un cadre réglementaire fiable et propice à des développements novateurs qui favoriseront l'accès à un marché secondaire immobilier optimisé.

Par ailleurs, à défaut de faire émerger immédiatement un marché secondaire de l'immobilier révolutionnaire, les technologies blockchain permettent de faire émerger de nouveaux types de plateformes qui se heurtent notamment directement à des acteurs très célèbres de la PropTech 2.0 (Airbnb, Booking, Expedia…) pour rompre avec l'opacité du marché de la location.

Bouleverser le marché de la location et simplifier la gestion

Réduire drastiquement les commissions de la location courte durée

Nous l'avons constaté, les frais intermédiaires d'accès à la propriété peuvent être élevés. Pourtant, c'est principalement l'activité de location de biens qui en souffre.

En parallèle, les technologies blockchain, de par leur nature décentralisatrice, permettent un réel échange *peer-to-peer* et cela impacte de plein fouet le domaine de la location courte durée.

Accéder à une infinité d'offres de réservations d'hôtels, de logements, de chambres sur Internet sans payer aucune commission, c'est là la promesse blockchain : les géants du marché tels que Airbnb et Booking ont du souci à se faire.

En effet, le rôle principal de ces plateformes est de répertorier des lieux et de s'occuper de la gestion de la réservation, de la maintenance de la plateforme, du stockage des données, etc. Plus précisément, le marché de la distribution d'offres de réservation d'hôtels est dominé par deux acteurs principaux que sont Booking et Expedia (ils comptabilisent à eux seuls 80 % des réservations en ligne[1]).

Avec la blockchain, les données sont décentralisées et distribuées entre tous les membres du réseau, ce qui réduit drastiquement les frais informatiques mais aussi humains puisque, pour rappel, la blockchain permet de se soustraire d'intermédiaires…

---

1. *White paper* de LockTrip, *LT Blockchain, Ecosystem & Marketplace DApp.*

LockTrip

C'est une start-up basée à Sofia en Bulgarie dont l'Initial Coin Offerings (ICO, *cf. chapitre 3*) a débuté en octobre 2017 et permis à l'entreprise de lever 4 millions d'euros[1] pour créer le Token LockTrip (LOC).

LockTrip[2] a identifié plusieurs problèmes dans le marché de l'hébergement locatif destiné aux voyageurs (estimé à plus de 800 milliards de dollars en 2019).

Il est essentiel de comprendre que les hôtels ont peu de maîtrise sur les prix des chambres pratiqués depuis l'arrivée d'acteurs tels que Booking et Expedia, en voici la mécanique :

• d'abord le PMS *(Property Management Service)* facture 2 à 3 % de commission sur le prix de la chambre afin de synchro-niser les informations (prix, caractéristiques chambre...) sur les différentes plateformes distribuant l'offre ;

• cela nécessite généralement l'intervention d'un CM *(Channel Manager)* qui se charge de vérifier la bonne mise à jour sur les sites et de la distribution des chambres pour une moyenne de 1 à 3 % de commission ;

• 15 à 30 % de commission sont pris par les sites de réservation en ligne pour leur travail de distribution d'offres aux clients.

Une chambre vendue à 100 € par un hôtel revient donc à 125 € en moyenne pour un client... S'ajoutent à cela des clauses d'ex-clusivité que les sites de réservation imposent, c'est-à-dire que si la chambre d'hôtel affiche un prix de 120 € avec Booking, le contrat de l'hôtel avec la plateforme empêchera l'hôtel d'affi-cher un prix inférieur à 120 € sur d'autres sites (même le sien)[3].

Enfin, les algorithmes utilisés pour faire remonter une offre d'hôtel plutôt qu'une autre créent une forte opacité difficile à soutenir pour les professionnels du secteur.

LockTrip divise ainsi son développement en trois briques. La première est une place de marché dédiée au voyage et plus particulièrement à la location destinée aux voyageurs. Dans

---

1. https://icobench.com/ico/lockchain
2. https://locktrip.com
3. Clauses illégales dans certains pays.

leur *white paper*, il est expliqué que les utilisateurs de LockTrip peuvent réserver un bien en location pour 20 % moins cher que les principaux compétiteurs déjà présents sur le marché.

L'entreprise proposera prochainement des offres similaires sur les vols avec cette fois-ci 5 % d'écart moyen avec les acteurs existants.

LockTrip développe en parallèle une base de données décentralisée afin de supporter la maintenance du système informatique. L'objectif est de redonner le contrôle des prix aux hôtels et de rediffuser de la transparence et de l'efficience au marché. Cette base de données permet à chaque agence de voyages d'effectivement synchroniser et répertorier les lieux disponibles sans payer de commissions.

La dernière brique de développement est la blockchain LockTrip ; il s'agit de faire fonctionner un système de confiance distribué entièrement décentralisé pour automatiser le processus de paiement, afin de sécuriser la transaction à toutes ses étapes et répertorier des notations inchangeables.

De ce fait, la place de marché ainsi que la base de données distribuée fonctionnent sans frais annexes éliminant tous les frais afférents à la chaîne de valeur : hôtels, hôtes, compagnies aériennes, agences de voyages et voyageurs.

Toutefois, on est en droit de se demander comment LockTrip gagne de l'argent si elle ne répercute pas ses coûts par une commission facturée à l'hôtel ou au client.

LockTrip détient ainsi un modèle de revenu novateur qui fonctionne sur deux volets :

• modèle Freemium : l'accès aux fonctionnalités basiques de la plateforme est gratuit pour tous les utilisateurs. La plateforme se rémunère en offrant des fonctionnalités premium aux utilisateurs le désirant pour des frais allant de 1 à 3 % sur les transactions. Ces fonctionnalités premium seront payées *via* le LOC token et peuvent correspondre à l'obtention d'une meilleure visibilité de référencement ou encore à la réduction de la volatilité du token ;

• LOC token : cette approche complète la précédente et utilise la blockchain dans son entièreté. Chaque interaction (réservation, transaction…) ayant lieu au sein de la plateforme a un lien avec le token LOC qui voit sa valeur varier au prorata du volume de réservation. Cette relation garantit mathématiquement un lien entre la valeur minimale du token LOC et le pourcentage de réservations sur la plateforme. Les possesseurs de LOC tirent profit de la valorisation de leurs tokens et c'est ainsi que la plateforme s'assure un revenu. Toutes les transactions réalisées par la plateforme, quel que soit leur format (carte bancaire, cryptomonnaie, virement…), sont en sous-jacent transformées en tokens LOC.

LockTrip dispose à ce jour d'offres sur plus de 500 000 hôtels et va prochainement étendre son activité sur la location de biens de particuliers.

LockTrip n'est qu'un exemple de plateforme qui crée une rupture avec les acteurs actuellement en place. De plus, elle emploie un token d'usage qui semble pourtant disposer d'une utilité très concrète. BTU Protocol[1] utilise une approche similaire étendue à la location de voitures, au recrutement, etc. pour réduire les coûts d'industries remplies d'intermédiaires. Ces start-up blockchain résolvent majoritairement les problèmes liés à la location courte durée mais d'autres s'intéressent à la location longue durée.

S'affranchir des barrières financières de la location longue durée

Le cas qui nous intéresse est cette fois-ci relatif à la location de longue durée. Il est nécessaire de transmettre un dossier[2] au

---

1. https://btu-protocol.com/solutions
2. Comprenant une liste précise de pièces décrites dans le décret n° 2015-1437 du 5 novembre fixant la liste des pièces justificatives pouvant être demandées au candidat à la location et à sa caution, Legifrance – https://www.legifrance.gouv.fr/affichTexteArticle. do;jsessionid=B03D3D48FC5BBA868FABBB06E25D737D. tplgfr25s_1?idArticle=LEGIARTI000031459166&cidTexte= LEGITEXT000031459148&dateTexte=20190703

propriétaire ou à un intermédiaire afin d'être « élu » heureux locataire. Par ailleurs, dans certaines zones géographiques immobilières tendues ou dans certains pays, il est nécessaire pour le demandeur locataire et ses garants de prouver un certain niveau de revenu en fournissant des documents liés à l'imposition, à la rémunération salariale, etc., ce qui rend l'accès à la location long et fastidieux principalement dans les zones immobilières où la demande explose.

En effet, il n'est pas rare qu'un propriétaire reçoive plusieurs dizaines de dossiers de demandeurs de logements et qu'il doive lui-même ou un mandataire procéder à l'analyse de tous ces dossiers.

Un propriétaire choisit généralement les demandeurs à plus haut revenu puisqu'il a une garantie de recevoir un paiement des loyers mais aussi de disposer d'une caution directement encaissable si nécessaire (puisque approvisionnée).

À ce titre, une des contraintes importantes de la location, c'est la caution. La caution correspond généralement au paiement d'un mois de loyer pour une location vide et de deux mois pour une location meublée[1]. Cette dernière peut générer des tensions entre le propriétaire – la peur de recevoir un chèque non encaissable – et le locataire – la peur de ne jamais « récupérer » sa caution.

Nous allons dans ce cas de figure nous intéresser à une entreprise particulière qui utilise la blockchain pour faciliter ces démarches et par-dessus tout, permettre plus de flexibilité à la location destinée aux particuliers, notamment par la facilitation du mécanisme de caution.

---

1. Service Public, Loi n° 89-462 du 6 juillet 1989 relative aux rapports locatifs, 1er janvier 2020 – https://www.service-public.fr/particuliers/vosdroits/F31269

RentBerry

RentBerry[1] est une solution blockchain créée en 2015 aux États-Unis destinée à la location longue durée. Elle intègre tout le processus de location à la fois pour le locataire et le propriétaire bailleur. RentBerry dispose d'une caractéristique qui la différencie du marché telle que la possibilité de *crowdfunder* la caution.

En effet, il est possible pour une personne désireuse de louer un appartement de n'avoir à déposer que 10 % (minimum) de la caution et de voir les 90 % restants financés par des tiers. Les financeurs de la caution obtiennent entre 1 et 4 % d'intérêts annuels sous forme de Berry tokens utilisables au sein du réseau. Le mécanisme de caution est entièrement inscrit sur *smart contract*.

Le locataire achète des Berry tokens en dollars ou en euros afin de pouvoir effectuer des transactions sur le réseau. Une personne en recherche de logement navigue parmi les biens disponibles sur la plateforme. Elle en choisit un et soumet sa candidature incluant une proposition de caution et autres documents utiles à l'évaluation du dossier. Le propriétaire, quant à lui, revoit tous les choix possibles et sélectionne la meilleure option, le *smart contract* s'exécute (en prenant une commission[2]) et intègre ainsi le montant proposé en tant que caution partielle. Le locataire choisit par la suite : soit de payer le reste de la caution lui-même, soit de la *crowdfunder via* la plateforme.

RentBerry se rémunère en prenant une faible commission sur les cautions déposées. Une fois la location terminée (à échéance ou plus tôt), la validation de départ par le locataire et le propriétaire engendre automatiquement la rétribution de la caution aux différents contributeurs.

Il convient tout de même de noter que RentBerry est fortement critiqué pour sa mécanique de transparence. Il est vrai que rendre visibles les éléments relatifs aux autres candidatures

---

1. https://rentberry.com
2. RentBerry est utilisée sur le système ERC-20, c'est-à-dire sur la blockchain Ethereum, l'exécution du contrat nécessite donc du gaz pour s'exécuter (*cf. p. 24*).

d'un même logement (notamment la caution) peut créer un effet inflationniste sur le marché de l'immobilier et provoquer une hausse des prix des locations. RentBerry renforcerait paradoxalement le pouvoir des propriétaires là où l'objectif est de créer plus de transparence.

Les deux cas d'usage développés ici sont illustratifs de la valeur ajoutée apportée à la location qu'elle soit de courte ou de longue durée. La blockchain permet de cette façon de réduire drastiquement les commissions prises sur des locations courte durée – côté voyageurs ou côté professionnels du tourisme – et d'ouvrir la location à un plus grand nombre de personnes en s'affranchissant des barrières financières telles que la caution.

Les technologies blockchain sont ainsi un réel moyen pour maximiser la gestion financière de multiples parties prenantes : investisseurs, propriétaires, locataires, hôteliers, marchés financiers y trouvent leur compte.

Enfin, en plus d'être un moyen de réduction des coûts, elles permettent de fortement diminuer le temps dédié aux tâches administratives, et ce pour toutes les parties prenantes.

Faciliter la gestion

Selon le *Fibree Industry Report Blockchain Real Estate 2019*, la blockchain permet de réduire les coûts de gestion administrative de 70 % dans l'immobilier.

Un des versants liés à cette réduction de coûts administratifs, c'est de permettre aux actionnaires d'avoir une visibilité complète sur les actifs (titres financiers ou biens immobiliers) et par-dessus tout sur l'évolution de leur valorisation. Inscrire les parts d'un actif quel qu'il soit (immobilier compris) sur la blockchain par l'usage de token permet de suivre en temps réel l'évolution d'un actif.

De la même manière, un fonds d'investissement spécialisé dans l'immobilier peut très bien utiliser les technologies blockchain pour certes accroître les interactions entre acheteur et vendeur de titre, mais aussi profiter de cette technologie pour faciliter l'analyse de la santé financière du fonds. En effet, avoir une mise à jour en temps réel des actifs et de leur valorisation de manière fiable et 100 % sécurisée permet de réduire drastiquement le temps dédié aux audits en termes de collecte d'information, de comptabilité, de balance de paiement, de déclaration de revenu, etc. Ce gain de temps est perceptible par le fonds d'investissement, mais aussi par toutes les parties prenantes qui bénéficient d'une visibilité optimale.

Les technologies blockchain permettent désormais d'avoir une vision financière globale des actifs en temps réel et optimisent ainsi non seulement la gestion d'un portefeuille d'investissement, mais aussi la gestion financière et administrative interne à un fond spécialisé dans les placements immobiliers.

Optimiser les assemblées générales

Un versant direct qui a trait à la gestion des actifs en temps réel, c'est l'information liée à chaque actif. Une part de société, qu'il s'agisse d'obligations ou d'actions, confère à son possesseur des droits et devoirs. Ces derniers sont généralement inscrits dans les statuts de la société – « charte fondatrice de la société ». Le changement de ces statuts est généralement possible lorsque l'on obtient l'accord des associés et actionnaires, mais la proportion d'accords à obtenir est régie par des critères différents selon les formes juridiques de société (SA, SARL, SAS, SNC, SCI, SCA…). Cela peut correspondre à un vote à majorité, à un vote à 60 %[1]…

---

1. https://www.service-public.fr/professionnels-entreprises/vosdroits/ F32234

La cession de titres doit être inscrite dans le registre des mouvements de titres (document papier) qui compile tout l'historique des actionnaires de la société et des achats, ventes, cessions de titres.

Cette modification des statuts nécessite, dans certains cas, une publication au *Journal d'annonces légales (JAL),* une inscription modificative au journal du Registre du commerce et des sociétés (RCS) et dans tous les cas un envoi des modifications au greffe du tribunal de commerce. Ces démarches prennent du temps tout d'abord pour être rédigées et ensuite pour être traitées.

Par ailleurs, afin d'obtenir la modification des statuts des actionnaires pour une raison liée soit à une augmentation de capital, soit à un changement de gérance, soit pour une autre cause liée à l'activité, les actionnaires et associés doivent voter.

Les technologies blockchain répondent à ces multiples enjeux de droits et d'obligations des actionnaires, de modification des statuts ou encore de vote. En effet, puisque dans le cas de tokens distribués à des actionnaires, chaque token détient les spécificités reliées au type d'action (qu'elles soient préférentielles, nominatives ou autres), le transfert d'action à un autre possesseur est totalement transparent et fluide tant en termes financiers qu'en termes de droits et d'obligations afférents au type d'action.

De plus, la blockchain permet de même de connaître en toute transparence la hauteur des droits de vote de chaque partie prenante. Ainsi, il est très facilement possible de solliciter un vote entièrement *via* la blockchain. Le résultat de ce vote serait entièrement garanti et certifié par la blockchain.

Qu'il s'agisse de vote en assemblée générale ou en assemblée générale extraordinaire, la blockchain fluidifie fortement la relation entre actionnaires et associés tout en garantissant la véracité des informations modifiées, en temps réel.

De cette façon, une mise à jour de statut est entièrement transparente et génère une économie de temps drastique puisque tout est quasi instantané : plus d'utilisation papier de registre des mouvements de titres, une compilation et un envoi instantanés des données nécessaires au greffe du tribunal de commerce (et RCS, *JAL* si nécessaire).

En somme, la blockchain permet à toutes les parties prenantes d'une entreprise de gagner un temps considérable dans la gestion administrative de distribution de titres. Nous allons à ce sujet nous intéresser à l'analyse de Tanguy de Ferrières, COO de Masteos, qui décrit la solution que la start-up utilise[1].

L'analyse de Tanguy de Ferrières, COO de Masteos

« Avec la blockchain, il est possible de mettre à jour le registre des mouvements de titres de manière automatisée et très rapide. Habituellement, dès que l'on effectue une modification ou un changement de part, il faut déposer au greffe du tribunal de commerce une mise à jour des statuts, cela prend deux semaines et est fortement chronophage.

Ici, on digitalise un registre des mouvements de titres sur la blockchain et à chaque mouvement de titres, tout est automatiquement mis à jour avec les différents contrats sous-jacents qui incluent flux financiers, dividendes, taxes foncières et aussi le vote. Le vote est disposé au prorata de ce qui est détenu en parts ou en tokens.

On a ainsi une gestion bien plus simple qui est immédiate, sécurisante et qui permettrait, lors de l'émergence d'un marché secondaire, d'effectuer un suivi de la circulation des parts détenues en respectant la *compliance*[2], à savoir les KYC et AML. »

L'amélioration des échanges entre les parties prenantes ne concerne pas que les actionnaires ou plus largement les membres

---

1. Il s'agit en l'occurrence d'Equisafe.
2. Expression utilisée pour désigner les obligations réglementaires.

d'une entreprise. La location au sens large est une expérience en soi qui fait intervenir la notion de confiance tout au long de la durée contractuelle. Ainsi, propriétaires, bailleurs et locataires ont tout intérêt à utiliser la blockchain.

Améliorer l'expérience locative

L'expérience locative est complexe pour tous les acteurs

Selon le ministère de la Cohésion des territoires et des Relations avec les collectivités territoriales, 40 % des ménages sont locataires de leur logement en France[1]. La location immobilière pour le locataire comme pour le propriétaire[2] met en jeu des notions de liberté individuelle et d'habitation dans un logement décent.

Chaque acteur dispose de droits et de devoirs tels que délivrer un logement décent, maintenir et délivrer un logement en bon état pour le propriétaire et payer le loyer et les charges afférentes, garder en bon état et assurer l'habitation pour le locataire. Chacun d'eux doit entretenir une relation saine et veiller au bon respect de ces notions.

C'est donc tout naturellement que cette activité de service – fournir un logement à un locataire – qui demande une

---

1. https://www.cohesion-territoires.gouv.fr/rapports-entre-proprietaires-et-locataires
2. À noter que le propriétaire est la personne/société qui possède le bien et que le bailleur est l'entité morale ou physique qui signe le contrat de location avec un locataire. Le propriétaire peut ainsi être bailleur mais l'inverse n'est pas forcément vrai.

rémunération pécuniaire – paiement du loyer par le locataire[1] – peut générer des conflits pouvant rebuter certains à investir dans du locatif ou encore à louer un bien qu'ils possèdent.

Par ailleurs, il n'est pas rare dans des zones à fortes tensions immobilières telles que Paris, Londres, San Francisco d'assister à des scènes surréalistes où des dizaines de personnes visitent en même temps un appartement tout juste ouvert à la location. Les visiteurs bataillent pour se faire une place, espérer regarder le bien et, par-dessus tout, soumettre leur dossier au propriétaire ou au bailleur et lui soutirer des informations afin de connaître la potentialité ou non de louer ledit bien.

De plus, il faut souligner que d'après l'association de la Confédération nationale du logement, plus de 75 % des doléances des « consommateurs » se concentrent sur l'immobilier locatif loin devant celles ayant directement trait au logement (Internet, téléphone, réseaux…) ou à l'accès à la propriété. Parmi ces 75 % la majorité concerne le dépôt de garantie, les troubles de jouissance ou encore les charges[2].

Pourtant, 91 % des locataires ont une bonne relation avec leur bailleur[3]. En 2015, la France compte 29 millions de ménages[4] dont 11 600 000 locataires, soit 1 million de ménages mécontents de leurs relations avec leur bailleur, ce qui n'est pas négligeable (même à l'échelle nationale).

---

1. Un propriétaire sur 4 énonce avoir été confronté à des loyers impayés d'après un sondage Youse réalisé avec Opinion Way auprès de 1 700 sondés dont 500 locataires et 500 propriétaires.
2. « Entre bailleurs et locataires, des relations toujours plus tendues », 10 avril 2018, *Le Figaro Immobilier*.
3. https://www.rentila.com/blog/2016/05/creer-bonne-relation-locataire-bailleur/
4. https://www.insee.fr/fr/statistiques/3676599?sommaire=3696937

Certaines propositions de loi en France cherchent à rendre plus saines les relations entre bailleurs et locataires[1], notamment parce que le locatif privé concerne 6,7 millions de logements en France.

On constate donc qu'il y a une réelle nécessité admise par tous les acteurs concernés de près ou de loin par ces problématiques d'améliorer l'expérience des locataires comme des propriétaires/bailleurs dans le domaine du locatif immobilier, et cela peut se faire dès le premier contact.

Améliorer l'expérience locative dès le premier contact

La blockchain dans son rôle de distributeur de confiance pourrait apporter une réelle amélioration de l'expérience locative et éviter l'amoncellement d'intermédiaires tout en promouvant la transparence.

À cet effet, certaines entreprises développent des outils intéressants. Penchons-nous de nouveau sur RentBerry, qui a développé un mécanisme de transparence assez efficace.

RentBerry

Nous avons décrit l'activité de RentBerry *(cf. p. 160)*, mais l'entreprise est dotée aussi d'une fonctionnalité intéressante. Un système sur la transparence des dossiers est disposé sur la plateforme, c'est-à-dire que des candidats à la location

---

1. Il y a, par exemple, la loi Nogal qui travaille sur trois versants : « intermédiariser » la gestion de la location par le transfert de cette dernière non pas au propriétaire mais à un mandataire de gestion, garantir les loyers impayés en faisant porter la charge du risque de non-paiement non pas sur le propriétaire mais sur un intermédiaire de gestion et enfin réduire le nombre de garants à un seul.

d'un bien peuvent voir les caractéristiques des offres précédemment déposées (montant location mensuelle, caution, salaire...) par les prétendants à la location. C'est un excellent moyen d'évaluer avec une totale transparence ses chances d'accession à la location.

De même, un système de score est instauré pour le locataire comme pour le propriétaire. Il s'appuie sur de nombreux critères pour le propriétaire (note des précédents locataires, notes déposées par les précédentes locations, politique de caution, termes du contrat...) comme pour le locataire (notes obtenues par les propriétaires, performances de paiement, information sur la candidature...).

Ces éléments permettent d'établir une notation de chaque partie prenante sur un score allant de 100 à 1 000. Ce score permet d'estimer la faisabilité de la transaction, mais aussi de visualiser avec une transparence optimale la relation propriétaire-locataire.

Ainsi, les locataires sont en mesure de constater les évolutions de loyers, de charges mais aussi les avis des précédents locataires au fil des années sur le bien et sur la relation avec le bailleur. De la même manière, le propriétaire est en capacité d'étudier les avis obtenus par chacun des candidats au logement.

Enfin, le dernier atout non négligeable de ce type de plateforme est de permettre de créer une « identité » par utilisateur, ce qui permet à un locataire de soumettre des candidatures très rapidement et de ne pas avoir à fournir à répétition des pièces essentielles (pièce d'identité, revenus des trois derniers mois, garant...).

La blockchain intervient à tous les niveaux du processus et inscrit toutes les informations au sein du réseau de façon transparente, immuable et certifiée.

La transparence promue au sein du réseau permet de parer ou de révéler de multiples problèmes du marché de la location – de la délivrance d'un logement décent, au paiement de loyer, aux charges, aux procédures longues de soumission de dossier... – grâce à l'usage de scoring comprenant des avis horodatés et certifiés des précédents locataires, propriétaires, bailleurs.

La solution apportée par RentBerry est extrêmement intéressante puisqu'elle a pour vertu de transmettre un maximum d'informations de manière transparente afin de distribuer la confiance au sein d'une plateforme commune. Cette solution est un excellent exemple qui illustre la capacité de la blockchain à résoudre un problème clairement identifié.

Finalement, on peut constater que les technologies blockchain peuvent s'appliquer tout au long d'un processus et plutôt agir en sous-jacent telle une technologie utile à la transparence et à la certification des données. Ainsi, les technologies blockchain permettent de répertorier les informations relatives aux propriétaire/bailleur et locataire pour promouvoir une réelle transparence de l'expérience locative.

Par ailleurs, elles ont une application pour ce qui touche à la pérennité de la relation entre propriétaire/bailleur et locataire.

Donner les outils pour encourager les relations durables entre acteurs

La gestion d'un parc locatif pour son compte ou celui d'un tiers peut être réellement difficile.

Tout d'abord, il y a des problèmes d'ordre pratique : une fuite d'eau qui se déclare dans l'appartement, une gouttière qui se bouche et empêche l'évacuation des eaux pluviales, ce qui génère un risque sur un bâtiment, un store cassé, une machine à laver à changer, etc.

Tous ces événements peuvent se produire dans la vie d'un propriétaire, d'un locataire et même d'un gestionnaire de biens immobiliers au sens large. La diffusion de ces informations reste simple lorsqu'on se place dans une simple relation de propriétaire-bailleur et locataire. Pourtant, lorsqu'il s'agit de gérer une multitude de résidences à la fois, ce travail peut être laborieux, notamment en termes de récolte d'informations et de leur centralisation. En effet, il faut disposer de moyens d'identification clairs et rapides des problèmes rencontrés, mais aussi de leur degré d'urgence et de leur localisation exacte. Par ailleurs, avoir une vision globale sur un parc immobilier est judicieux pour révéler des problèmes récurrents par appartement, par immeuble pour être mieux averti soit en tant que propriétaire, soit en tant qu'investisseur par exemple. On fait donc face à une première problématique de diffusion d'information, du degré de leur importance et de leur historique.

Ensuite, la relation locataire/propriétaire peut s'effriter très rapidement en cas de départ incongru du locataire, de non-paiement d'un ou de plusieurs loyers, de casse non déclarée ou encore en présence de logement indécent, impropre à la vie quotidienne.

De plus, pour qu'un locataire reste longtemps dans un logement – ce qui est avantageux pour un propriétaire car cela lui évite une perte de revenu nette sur un ou plusieurs mois –, il est préférable pour le propriétaire d'être ouvert aux suggestions d'amélioration du locataire. On peut, par exemple, penser à l'initiative d'un locataire d'installer une climatisation ou encore à la prise en compte de ses suggestions lors des assemblées générales de copropriété. Ces sujets peuvent de même toucher les gestionnaires de location mandatés par les propriétaires. Ces derniers font aussi le choix d'un prestataire en particulier qui doit s'assurer de remplir un réel rôle de gestion à tous niveaux (humains, techniques, pratiques, économiques…) et ainsi entretenir une relation durable avec son client, mais aussi avec ceux du propriétaire.

Ces éléments montrent qu'il est indispensable non seulement de démarrer une bonne relation, mais par-dessus tout de l'entretenir, et ce en toute confiance. L'autre problématique relève de la nécessité de conserver une relation durable et fiable sur toute la durée contractuelle.

La blockchain a ainsi la possibilité de répondre à ces deux enjeux. La blockchain permet de diffuser une information de façon fiable puisque chaque information diffusée au sein d'une blockchain est horodatée par le réseau. La blockchain pourrait ici servir d'appui à un outil de diffusion et d'échange d'information entre propriétaire et locataire, mais aussi entre bailleur et propriétaire et assurer la tenue d'un registre précis d'incidents divers et variés (techniques, économiques, humains…).

De plus, au vu des divers problèmes que peuvent rencontrer les différentes parties prenantes dans la location de biens au sujet de l'entretien d'une relation durable, la blockchain peut être un excellent moyen de fonctionner en toute transparence durant toute la durée contractuelle en répertoriant par exemple : l'assurance habitation, les paiements réalisés, les incidents signalés, les suggestions d'amélioration, les déclarations de casse, les retards de paiement, etc. La blockchain garantirait l'existence d'informations fiables à tous.

À titre d'exemple nous allons citer de nouveau la plateforme Syment créée en 2016 *(cf. p. 63)*.

Syment

Syment est une plateforme à destination des gestionnaires de patrimoine, syndicats de copropriété et bailleurs sociaux qui fonctionne sous quatre versants : assemblées digitalisées, résidences, sondages auprès de différents acteurs, gestion des incidents. Les fonctionnalités qui nous intéressent concernent la notion de sondage et celle de gestion des incidents.

La première permet de réaliser des sondages auprès des locataires afin de demander des avis sur éventuellement une amélioration à venir du logement par exemple.

La seconde permet à un locataire et à un bailleur de gérer au quotidien les divers incidents qui peuvent se produire dans la vie quotidienne, comme une panne d'ascenseur, une fuite d'eau, etc.

> L'outil permet de gérer les incidents de « A à Z » et d'indiquer leur statut en temps réel, ce qui permet à des bailleurs d'avoir une information en temps réel sur l'état de gestion des incidents sur leur parc immobilier. Pour l'instant, Syment n'utilise pas les technologies blockchain sur ce versant.
>
> Toutefois, ces éléments pourraient être enregistrés sur la blockchain, permettant de remonter l'historique des incidents répertoriés sur tel ou tel bien de façon fiable pour toutes les parties prenantes.

Ainsi, la blockchain peut être utilisée afin de compiler les divers incidents se produisant durant toute la durée contractuelle de la location mais plus largement sur l'ensemble d'un parc immobilier.

Par ailleurs, une relation entre propriétaire, bailleur et locataire est entretenue sur toute sa durée par des liens contractuels. À ce titre, il existe un type de programme immobilier particulier qui permet à un professionnel futur locataire de choisir un bien sur plan, c'est l'équivalent de la VEFA (vente en l'état futur d'achèvement), mais cette fois-ci destinée aux entreprises. La blockchain révèle ainsi un usage tout à fait adapté à cette situation : le bail en l'état futur d'achèvement (BEFA).

Exécuter un contrat avec fluidité en toute sécurité : l'exemple BEFA

Le contrat BEFA fait intervenir plusieurs entités :

- le promoteur vendeur – qui souhaite créer un projet immobilier incluant un contrat de bail définitif avant le démarrage des travaux ;
- l'investisseur bailleur – qui recherche un bien dans lequel investir afin de disposer d'une rentabilité locative ;
- l'utilisateur preneur – qui souhaite un bail sur mesure et pouvant préciser des éléments essentiels de la réalisation de

l'ouvrage sur le cahier des charges (matériaux, fournitures, écosystème d'entreprise et de restauration…).

Le contrat BEFA doit réussir à concilier les intérêts de ces intervenants dans un cadre juridique sensible et complexe.

Dans certains cas, le preneur peut être en charge de la réalisation du projet sous le versant d'une délégation à maîtrise d'ouvrage. À cet effet, il est indispensable pour le bailleur de définir des conditions strictes de réalisation du contrat, notamment en termes de cahier des charges, d'exécution ou d'autres exigences quelles qu'elles soient. Lors de la réalisation d'un contrat BEFA, de nombreuses incertitudes sont identifiées : la superficie du terrain, le projet et son plan de découpage, chaque élément constitutif du/des bâtiments à réaliser (la liste peut être très longue), etc.

De plus, un BEFA contient de nombreuses conditions suspensives notamment relatives aux appels de fonds, à l'obtention d'un permis de construire purgé de tout recours, à la réalisation d'études géotechniques, etc. Figurent de même les conditions relatives à l'exécution du contrat : délais de livraison, changement de circonstance imprévisible (hausse des matières premières, par exemple), responsabilité en cas d'arrivée d'une nouvelle loi qui change les prédispositions réglementaires des ERP[1], défaillance du preneur ou du bailleur[2]…

Par ailleurs, un projet peut prendre plusieurs mois, voire plusieurs années, pour être entièrement conçu. Il se produit donc un travail de compilation extrêmement important lors de chaque phase de travail des équipes de conception, mais aussi lors de chaque validation par toutes les parties prenantes.

---

1. Établissement recevant du public.
2. Bien entendu, ces éléments peuvent aussi être précisés dans le cadre d'autres contrats tels que la VEFA, le contrat de promotion immobilière (CPI), la maîtrise d'ouvrage déléguée, etc.

Le contrat BEFA est complexe par sa nature même, mais le degré de précision du projet peut d'autant plus impacter la lecture et la compréhension du contrat. Il est très aisé de se perdre dans la relecture du contrat si celle-ci a lieu quelques mois plus tard : « Quel parquet a-t-on validé ? Quel emplacement a-t-on acté pour les aménagements intérieurs ? Quel modèle de faïence a été validé ? »… En effet, on peut très facilement ne plus être certain du dernier document validé sur ces questions.

En somme, un BEFA est un contrat dont les caractères juridiques sont relativement denses. Cette densité est renforcée par l'apport conséquent d'annexes précisant chaque particularité de l'ouvrage à réaliser (de la structure des poutres béton sur l'ouvrage à la couleur des toilettes handicapées du R+3). La blockchain contribue à une facilitation et à la sécurisation de ces contrats très complexes.

La blockchain dispose d'un intérêt majeur dans l'exécution de contrats (nous l'avons vu à plusieurs reprises). Un contrat BEFA est très complexe et s'exécute sur une longue période, qu'il s'agisse simplement de parler de conception, mais aussi d'exécution des travaux ou encore simplement d'exécution simple du contrat commercial, à savoir le paiement des loyers et des charges, par exemple.

Ce type de contrat semble tout à fait adéquat à la mise en œuvre d'un *smart contract*, qui, pour rappel, fonctionne de manière similaire à une fonction « SI.ET/OU » sur Excel. Un contrat BEFA peut être ainsi entièrement inscrit sur la blockchain sous la forme d'un *smart contract*.

Ici, nous allons nous intéresser à une particularité spécifique aux contrats BEFA (et applicable à d'autres types de contrats). Il s'agit de l'amoncellement d'une quantité importante d'annexes au contrat.

Start-up prometteuse, Olarchy est une plateforme créée en juillet 2018 orientée vers les professionnels de l'immobilier et les locataires. Elle travaille sur différents versants d'une transaction immobilière pour les investisseurs professionnels. L'un des fondateurs d'Olarchy, Michael Sigda, nous a dévoilé un projet en cours de réalisation spécifique aux annexes des contrats BEFA.

L'analyse de Michael Sigda, président d'Olarchy

« Dans les annexes est décrit très précisément ce que le bailleur attend du preneur en termes de conception. Il ne s'agit pas simplement d'énoncer le nombre d'étages souhaité et la surface habitable, cela va jusqu'à décrire que les toilettes du 2e étage disposent d'un robinet équipé d'une certaine cellule de détection. Cela concerne le type de moquette, la ventilation, l'éclairage, la climatisation, le chauffage... tout est passé en détail. En amont de la construction effective de l'ouvrage, le bailleur et le preneur se voient de nombreuses fois pour se mettre d'accord sur, par exemple, la couleur de la moquette. Ces éléments sur lesquels ils se sont mis d'accord sont décrits dans des annexes, ce qui implique qu'il y en a beaucoup. Cette discussion pour trouver un accord ainsi que cette compilation d'annexes se font sur plusieurs mois.

Entre le début de la discussion où vous avez validé le premier item et la fin de la discussion où vous validez le centième item, il se passe un certain délai, tout en sachant que chacun de ces items sera annexé au bail. Le problème est donc le suivant : comment être sûr que les 500 pages qui ont été annexées sont bien les 500 pages d'annexes qui ont été validées au fil de l'eau par chaque partie prenante ? Il est important, plus particulièrement pour le preneur, que les annexes reflètent bien la réalité des discussions.

Dans le projet que nous avons réalisé avec des sociétés du CAC 40, nous avons téléchargé une annexe (donc un item) sur une plateforme. Tout le monde est d'accord le jour J qu'il s'agit du bon document ; on le dépose sur la plateforme et chacun le valide. À ce document, on attribue ensuite un *hash (cf. p. 19)* que l'on peut aller ancrer dans un *smart contract* et ainsi de suite, au fur et à mesure.

Cette plateforme permet de suivre la mécanique linéaire d'empilement des annexes et le jour de la signature du bail, la table des annexes est en réalité une table de *hash* qui elle-même est *hashée*. Donc, on peut être sûr qu'avec cette table de *hash* qu'on annexe, on signe un bail qui dispose des vraies annexes sur lesquelles nous nous sommes mis d'accord, même si c'était il y a sept ou huit mois. Voilà très clairement, ce que l'on peut faire sur un BEFA avec la blockchain. »

Il convient de noter que d'autres applications relatives à la BEFA ont eu lieu notamment en termes de tokenisation d'actifs. Mata Capital a par exemple initié depuis 2019 trois types d'opérations avec les technologies blockchain sous différents cadres spécifiques (montants, formes juridiques des sociétés, nombre d'actionnaires, etc.).

Ainsi, la blockchain apporte une réelle valeur ajoutée dans la relation contractuelle entre professionnels, ce qui contribue fortement à une facilitation de la gestion d'un contrat tout au long de son exécution.

Pour résumer

La gestion immobilière touche un bien immobilier à de nombreux niveaux et certains d'entre eux font face à une nécessité d'efficience qui trouve réponse dans les technologies blockchain :

1. en diversifiant l'accès à la gestion financière :

- l'accès au logement peut être facilité pour tous notamment pour les personnes traditionnellement « non éligibles » à la location,

- l'investissement peut être accessible et totalement transparent pour une grande variété d'investisseurs,

- le marché immobilier peut assister à la naissance d'un réel marché secondaire, ce qui favorise le déploiement de liquidité ;

2. en bouleversant le marché locatif et en simplifiant la gestion :

• la location courte durée ou longue durée peut assister à l'émergence d'une transparence totale favorisant la réduction des coûts et la fluidification des échanges,

• les actionnaires bénéficient d'une agilité plus grande pour gérer leurs investissements et économiser du temps ;

3. en améliorant l'expérience locative :

• la relation bailleur/locataire peut naître en toute transparence sans risques,

• les acteurs de la location peuvent entretenir des relations durables,

• les contrats spécifiques peuvent être exécutés en toute confiance pour ainsi économiser un temps précieux et garantir le respect des obligations par chacune des parties.

Les technologies blockchain permettent d'agir sur tous ces versants en offrant une opportunité impressionnante aux acteurs du secteur d'optimiser la gestion immobilière par la maximisation de la gestion financière et l'amoindrissement du temps consommé par les tâches administratives.

Par ailleurs, il convient de noter que la vision immobilière décrivant les biens comme des espaces vides n'offrant pas de services pour du long terme semble difficilement envisageable de nos jours au vu de la diversité des offres présentes sur le marché.

L'intérêt croissant pour la location court-terme, telle que les bureaux flexibles, les pop-up stores, les espaces de co-living, etc., mène indéniablement à la nécessité de mettre en place des services adaptés. Ainsi, un nombre croissant d'opérations financières s'opère et bien que les coûts soient réduits, la complexité administrative ne l'est pas pour autant. Les enjeux relatifs à la gestion des biens sont donc d'autant plus forts que l'offre est diversifiée. Pour un propriétaire et un bailleur, disposer d'outils modernes facilitant la vie du locataire dans son quotidien est un argument de différenciation non négligeable.

Tous les outils énoncés dans cet ouvrage vont en réalité vers une vision plus large. L'immobilier ne se résume pas à un bien, et cela sera de plus en plus vrai dans les années à venir. Dans un horizon proche (quoique déjà actuel), les meilleurs biens seront ceux qui se distingueront par la qualité de leurs services. À cet effet, nous allons nous intéresser à la convergence de la blockchain avec les autres technologies et voir comment celle-ci pourrait changer l'immobilier tel qu'on le connaît aujourd'hui.

Chapitre 5

Accélérer les transformations du secteur par les synergies technologiques

« Bien que cela paraisse effrayant dans les jeunes jours, je pense que, finalement, la blockchain créera un monde plus sûr. »

Fred Ehrsam,
CEO de Coinbase

Créer l'identité digitale pour faciliter la conception et l'entretien

Il est complexe d'accéder aux données relatives à un bien

Il est plutôt complexe de connaître précisément la constitution d'un bâtiment, notamment s'il est ancien ; cela concerne autant les maisons que les immeubles destinés aux particuliers ou aux professionnels. En effet, les évolutions du bâtiment tant en termes de technicités que de contraintes réglementaires créent de la variété dans la manière de construire un bâtiment (au-delà des variétés créées par des concepts architecturaux ou urbanistiques).

Pour connaître l'identité d'un bien, il est possible de s'en remettre à la publicité foncière qui commet très rarement des erreurs.

Néanmoins, si l'on souhaite connaître les emplacements des réseaux secs ou humides, il est parfois difficile d'obtenir l'information puisque celle-ci soit n'a jamais été répertoriée, soit a disparu (perte de papiers), soit est détenue par un concessionnaire de réseaux. Cette dernière option implique de retrouver le prestataire qui a potentiellement réalisé des travaux et en conséquence nécessite du temps et pour le demandeur et pour le détenteur de l'information[1]. Par ailleurs, si l'information disparaît, il est nécessaire de procéder à un repérage avec un ou plusieurs concessionnaires réseaux pour ne pas risquer d'endommager les réseaux. Et, bien que cela puisse déjà paraître

---

1. Il convient de noter qu'en cas de déclaration travaux, les concessionnaires de réseaux sont tenus d'envoyer les éléments dont ils disposent afin de représenter le passage de réseaux sur les terrains exploités en vue d'un chantier.

compliqué pour les réseaux présents sur un terrain, qu'en est-il des réseaux présents sur un bâtiment (quelle que soit sa nature : VMC, climatisation, eau potable, eau usée, gaz éventuel…) ou des matériaux constitutifs du bâtiment (revêtement sol et murs, éléments constitutifs de la charpente, épaisseur des dalles de béton, modèle de porte d'entrée, etc.) ?

Il est en réalité très complexe d'obtenir ces informations, et cette problématique est d'autant plus renforcée si aucun plan technique du bien n'est disponible. Si ces informations ne sont répertoriées nulle part, il faudra effectuer un relevé géomètre du bâtiment et plus précisément un scan 3D de la structure (surtout si l'on souhaite trouver où passent les réseaux dans un bâtiment).

Enfin, les éventuels dommages et détériorations que peuvent connaître les biens immobiliers sont difficilement répertoriés et situables sans un œil avisé d'expert technique. Il en est de même pour les éventuelles extensions et rénovations dudit bien. La seule solution, c'est encore d'aller chercher l'information auprès du/des prestataires qui ont réalisé les travaux.

La blockchain pourrait permettre de faciliter cette compilation d'informations.

Compiler les informations pour obtenir un suivi en temps réel de l'état d'un bien

Nous le savons, la blockchain permet de certifier des informations et de les horodater. Ainsi, un bâtiment pourrait bénéficier de l'équivalent d'une pièce d'identité qui lui est propre.

Cette carte d'identité pourrait aussi convenir à un ensemble de bâtiments, à des lotissements ou plus largement à une ville entière. Cartographier une ville entière numériquement permettrait de disposer de même d'informations en temps réel en toute transparence.

À cet effet, nous allons nous intéresser à l'analyse de Dinis Guarda[1]. Cette dernière permet de comprendre l'imbrication des différentes étapes qui, selon lui, sont envisageables pour l'immobilier de demain.

L'analyse de Dinis Guarda, multientrepreneur, fondateur de blockchains DNA et Cities ABC

« Le premier challenge de l'immobilier et des biens immobiliers, c'est la valeur de la propriété en termes de possession. Si vous avez un terrain, un bien, vous devez d'abord savoir qui est le possesseur. Pour le moment, le monde utilise majoritairement le papier, donc lorsque nous parlons de technologie, il faut garder à l'esprit que 90 % de la population mondiale utilise la technologie suivante : le papier. Cet enregistrement papier d'un bien est réellement complexe. Si je souhaite acheter un bien et que je suis sûr que la propriété est bien définie, que je sais à qui elle appartient, que les prix sont transparents, cela signifie que la spéculation devient fortement réduite et dans le même temps, crée de meilleures relations. C'est l'épicentre de la blockchain pour l'immobilier, cette notion de confiance pour la propriété, pour le bien et pour le propriétaire.

La seconde étape, c'est qu'une fois que nous avons le bien inscrit dans la blockchain, il est possible de rechercher à devenir propriétaire avec beaucoup plus de croyance en les données. Je pense que les marchés européens ne sont pas tellement concernés par cette problématique, mais si vous allez dans un pays émergent, vous pouvez rencontrer le problème d'acheter un bien qui appartient déjà à quelqu'un d'autre. La partie de l'authentification du bien est la plus essentielle. La blockchain est un peu mystifiée. Elle peut être en réalité une sorte de moteur de recherche où l'enregistrement du bien est intégré dans un *smart contract* afin d'être certifié pour créer une identité du bien. Cette identité serait immuable et il serait ainsi beaucoup plus facile de rechercher une propriété car il y aurait une confiance totale.

Identité, recherche optimisée et optimisation des recherches en amont relatives aux acheteurs, vendeurs, biens sont les trois

____

1. Listé à plusieurs reprises parmi les plus grands influenceurs FinTech, Blockchain, IA notamment par CoinTelegraph en 2019.

éléments clés. Cette dernière section est très importante, mais ne supprimera pas réellement les intermédiaires. Seuls les intermédiaires de qualité utiliseront cette technologie car on ne supprimera pas l'être humain. Après avoir fait tout cela, il sera beaucoup plus facile de transférer un bien d'un propriétaire à un autre. Le prix de l'immobilier s'en trouvera lui aussi impacté car il y a beaucoup de spéculation, ce qui crée une hausse des prix et très souvent mène à des crises. Bien entendu, si l'identité des biens est effectuée de manière générale, cela va générer un marché immobilier beaucoup plus liquide puisque tout le monde sera en capacité d'échanger mais aussi de créer une propriété digitale qui crée de la valeur. La blockchain est une technologie fondatrice qui crée de l'identité (des biens et des personnes), de la confiance digitale autour de la transaction, un environnement *peer-to-peer* et une protection des données des utilisateurs et des biens immobiliers en eux-mêmes. »

Pour ajouter un élément complémentaire à cette analyse, il convient de noter que la transparence de marché immobilier participe au succès des villes. La majorité des villes transparentes se situe en Europe (hors France) et aux États-Unis. À noter que les marchés à forte transparence correspondent à 75 % des investissements immobiliers dans le monde[1].

Ce que nous constatons majoritairement avec cette analyse, c'est que la notion de digitalisation de l'immobilier par la blockchain est indispensable pour espérer un fonctionnement optimal du secteur. Les pays en voie de développement auraient besoin d'intégrer la blockchain à la source de leur fonctionnement, mais pour la France, on peut imaginer l'émergence d'une complémentarité avec la publicité foncière.

---

1. D'après l'analyse de l'entreprise JLL (Lasalle Investment Management) sur la transparence des marchés immobiliers qui paraît deux fois par an, *The World's Most Transparent Real Estate Markets*. Ici il s'agit de l'étude de mi-2018 effectuée auprès de 158 villes dans 100 pays – https://www.weforum.org/agenda/2018/10/transparent-real-estate-property-market-success-cities/

Là où la publicité foncière permet de répertorier les biens de toute nature, leurs modifications, transformations et cessions, la blockchain pourrait ajouter à cela des versants plutôt liés à la durabilité du bien tels que les rénovations effectuées, les sinistres déclarés, les plans techniques de réalisation, les matériaux employés, etc. Bien qu'il soit difficilement envisageable que cela se produise de sitôt, on comprend bien qu'il faut démarrer cette étape de digitalisation. Pour ce faire, rien de mieux que de débuter par des projets futurs de réalisation d'ouvrages.

Ainsi, une blockchain pourrait permettre de s'assurer de la création d'une carte d'identité propre à chaque bien compilant toutes ses phases d'évolution allant de la conception (phase projet) à la livraison du bien et par-dessus tout son entretien et les travaux qu'il a eus après sa création. De cette façon, on pourrait imaginer une complète transparence sur la réalité des ouvrages exécutés, mais aussi sur les dommages subis et les travaux d'entretien réalisés. Pas besoin de consultation de prestataires puisque ceux-ci mettraient à jour les données en temps réel.

Bien entendu, compiler de tels éléments peut permettre d'économiser du temps, mais la blockchain à elle seule ne pourrait assurer qu'une fonction qui lui est propre (la certification), alors comment mettre à jour avec fluidité cette carte d'identité ?

C'est là qu'intervient la convergence entre la blockchain et le Building Information Modeling (BIM).

La blockchain et le BIM pour la transparence, la visibilité et la confiance

Le Building Information Modeling[1] (BIM) a été créé pour répondre aux enjeux de la construction. Brièvement, ils

---

1. Signifie littéralement « modélisation des informations données ».

correspondent à la nécessité de réduire l'émission de carbone et de gaz à effets de serre, à l'amenuisement croissant des ressources naturelles fossiles et à l'amélioration de la qualité des industries de la construction (dépassement de budget, sous-productivité proportionnellement aux autres industries, relations complexes entre les acteurs, manque de qualité et désorganisation omniprésente).

Le BIM est ainsi une méthode de travail collaborative articulée autour d'une maquette numérique paramétrique 3D qui contient des informations structurées et détaillées d'un ouvrage du bâtiment. L'objectif principal du BIM est de partager les informations d'un ouvrage de sa conception jusqu'à sa démolition en passant bien entendu par son entretien. La puissance du BIM, c'est qu'il utilise des modèles paramétriques qui permettent de repérer des problèmes techniques dès la conception (structurels notamment) mais aussi de s'assurer du respect des contraintes (réglementaires ou encore budgétaires). Idéalement, la collaboration BIM se fait *via* une maquette numérique centrale dans laquelle tous les intervenants peuvent travailler. Les principaux apports du BIM sont les suivants : maîtriser les coûts de construction (puisqu'il y a réduction forte de la fréquence des imprévus grâce à une prévisualisation de l'ouvrage), permettre la fabrication hors site, optimiser la conception mais aussi les coûts et enfin réutiliser les informations durant toute la durée de vie d'un projet.

Ainsi, le BIM utilisé à bon escient, c'est une ou plusieurs maquettes numériques dans laquelle/lesquelles les parties prenantes au projet (maître d'ouvrage, maître d'œuvre et éventuellement sous-traitants) interviennent pour anticiper les problèmes constructifs, suivre la réalisation chantier et s'assurer de l'entretien du bâtiment. Finalement, la maquette numérique fonctionne un peu comme une base de données entièrement modélisée en 3D. Chaque donnée relative au bâtiment et aux matériaux (dimensions, poids, coûts, matière…) est consultable par tous en temps réel et une visualisation des modifications effectuée quand et par qui est possible[1].

Ne trouve-t-on pas ainsi un cas d'usage parfaitement adapté aux technologies blockchain ?

Il y a une phase essentielle dans la réalisation de plans par un architecte, un bureau d'études ou encore un maître d'œuvre, c'est la signature du plan, aussi appelée étape VISA. Il s'agit d'une attestation (par signature) du professionnel technique de la fiabilité technique du plan réalisé. Entre autres, un plan « visé » par l'un de ces professionnels transmet la responsabilité technique relative à la réalisation de l'ouvrage sur le signataire. C'est donc un élément essentiel pour protéger le maître d'ouvrage d'un défaut de conception et pouvoir demander des dommages et intérêts.

La présence d'une maquette numérique permet certes de transmettre l'information à toutes les parties prenantes, mais cela n'est pas sans risque. En effet, il est nécessaire de certifier que la maquette numérique sur laquelle on a travaillé est bien celle qui est arrêtée pour le projet, celle qui est validée par la compétence technique du maître d'œuvre, celle qui est conforme au projet attendu par le maître d'ouvrage. Valider une maquette numérique *via* l'usage de la blockchain permettrait d'horodater et de certifier la validité du plan pour apporter une preuve juridique en cas d'éventuels litiges.

Cela est un éventuel cas d'usage, mais dans notre cas nous allons nous intéresser à une start-up particulièrement intéressante qui lie les usages du BIM à ceux de la blockchain, BimChain[2].

---

1. Cela dépend bien entendu de la qualité de la maquette numérique créée.
2. Bien qu'il ne soit pas certain que la start-up existe encore, l'approche développée reste intéressante.

BimChain

BimChain[1] est une solution créée par la start-up Lutecium fondée fin 2017 par Maxime Haloche et Arnaud Gueguen qui ont cherché à créer un outil qui permet de valider et certifier toutes les données d'un processus BIM[2].

L'interface permet de fiabiliser et sécuriser les échanges de données BIM entre toutes les parties prenantes d'un projet mais aussi de numériser les engagements et d'établir des relations contractuelles directement par la maquette[3].

La blockchain apporte une transparence au maître d'ouvrage quant à l'exécution des plans techniques car elle lui permet de savoir exactement quand ceux-ci ont été modifiés – et par qui – de façon totalement fiable. De la même manière, elle permet à un maître d'œuvre d'assurer qu'il est bel et bien l'auteur de la conception technique de l'ouvrage et ainsi de protéger son œuvre (question de la propriété intellectuelle).

Plus largement, on voit clairement deux cas d'usage utiles avec la blockchain au sein du BIM.

Le premier est bien entendu celui de certifier les données transmises, les horodater, et le tout de façon fiable au sein d'un système entièrement décentralisé. Plus précisément, cela a un usage précis dans tout ce qui est relié à la réglementation, mais aussi à la labellisation des ouvrages du bâtiment. En effet, on peut très bien imaginer la labellisation d'un ouvrage du bâtiment, par exemple le label Haute Qualité Environnementale (HQE) directement *via* la maquette numérique par l'usage de la blockchain. Même un bureau de contrôle (Socotec, Apave, etc.) pourrait certifier la qualité technique de réalisation d'un ouvrage directement en numérique. Le plus par rapport à aujourd'hui, c'est simplement

---

1. https://bimchain.io/
2. https://bimchain.io/bim-and-blockchain-an-alliance-that-makes-sense/
3. Yan Ricaud, Jean-Romain Bardoz, Vladislava Iovkova, Sophie Invernizzi, Guillaume Jean, Diane Touchelay, Najlah Soormaly, «Innovation et BTP : la transformation du secteur est en marche», PWC, décembre 2018.

de s'assurer que l'ouvrage validé par le bureau de contrôle est celui qui aura pour objectif d'être exécuté. La blockchain pourrait de même servir à certifier que le label obtenu est authentique.

L'autre apport de la blockchain au sein du BIM, c'est la notion de rémunération des intervenants. En effet, il faut savoir que dans la phase de conception d'un projet, un intervenant est rémunéré au fur et à mesure de l'avancement du projet relativement à des phases collectivement admises dans le milieu de la construction (faisabilité, projet, études et plans d'exécution, assistance au contrat de travaux, direction et exécution des travaux, assistance aux opérations de réception[1]). Ainsi, un prestataire – notamment le maître d'œuvre, l'architecte ou encore le bureau d'études si le projet le nécessite – est rémunéré au fur et à mesure de l'accomplissement de ces phases.

Or, si les plans sont directement réalisés sur la maquette numérique, les étapes de travail franchies le sont aussi. La blockchain permet de certifier que le maître d'ouvrage a validé les plans et donc le stade d'avancement. De cette manière, un *smart contract* s'exécute pour déclencher automatiquement le paiement desdits prestataires.

L'entreprise ContractChain propose un système similaire de signature de maquette numérique BIM *(cf. p. 70)*. Il faut de même ajouter que la conjugaison du BIM avec la blockchain est assez utile à l'entretien puisque le BIM a une vertu extrêmement intéressante : il permet de délivrer les éléments constructifs détaillés[2] d'un bâtiment au maître d'ouvrage après sa livraison. Ces éléments constitutifs d'ouvrage pourraient contenir des notes relatives à la durabilité estimée de certains matériaux mais

---

1. Liste non exhaustive puisque certaines phases additionnelles peuvent s'ajouter en fonction de la complexité ou de l'ampleur du projet.
2. Cela dépend bien entendu du niveau qualitatif et descriptif de la maquette numérique.

aussi à leur entretien[1]. De cette manière, ces informations pourraient être répertoriées dans une base de données fiable telle que la blockchain. La brève analyse de Yoann Alfonsi, cofondateur d'Immiris et président de Global Expert (société d'expertise en bâtiment) est ici intéressante.

L'analyse de Yoann Alfonsi, cofondateur d'Immiris et président de Global Expert

« Aujourd'hui, on a un BIM modifiable et il est difficile d'assurer la traçabilité d'une maquette. Dire que j'ai posé une canalisation ici en 2016 et qu'elle se trouve décalée de 40 centimètres, ça n'est plus pareil, on se retrouve avec une utilité très limitée, et à mon sens, le BIM doit être basé sur la technologie blockchain car la blockchain offre une notion d'immutabilité et de traçabilité de la donnée. »

Ainsi, les usages conjugués du BIM et de la blockchain sont assez larges et intéressants. Ces deux technologies révèlent une réelle valeur ajoutée mais aussi symbolique puisque le BIM est considéré comme l'emblème de la PropTech 2.0 dans le milieu de la ConTech *(cf. p. 34)*.

La blockchain et le BIM vont apporter une collaboration décentralisée transparente autour de la construction d'un bâtiment, et ce de son élaboration à son entretien.

La blockchain peut donc parfaitement s'intégrer à la PropTech 2.0 (incarnée notamment par le BIM), mais elle participe de même à structurer la PropTech 3.0 en se liant avec l'Internet des Objets. C'est la deuxième étape à atteindre pour digitaliser l'immobilier.

---

1. Répertorier les éléments constitutifs d'un ouvrage sous la forme d'un carnet numérique d'information de suivi et d'entretien est d'ailleurs intégré au dispositif de la loi ELAN art. 182 (LegiFrance) – https://www.legifrance.gouv.fr/eli/loi/2018/11/23/2018-1021/jo/article_182

Sécuriser et stocker les données urbaines de l'Internet des Objets (IoT)

Faciliter la distribution de l'énergie

D'après une étude réalisée par Global Market Insights[1], cabinet spécialisé dans les études de marché et le consulting, «les technologies blockchain dans le marché de l'énergie passeraient de 200 millions de dollars en 2018 à 18 milliards en 2025».

La blockchain est en réalité un excellent moyen de cartographier tout un réseau de production d'énergie, qu'il s'agisse d'électricité, de gaz ou encore de pétrole, etc.

Digitaliser l'identité des bâtiments dans toutes ses phases de vie est une étape bien entendu essentielle, mais qui serait incomplète sans une combinaison avec les réseaux (eau, électricité, gaz…), principaux vecteurs de vie dans une ville.

Le secteur de l'énergie contribue fortement à la constitution des ensembles urbanistiques, mais aussi à leur qualité. En effet, un espace urbain qui dispose d'un accès à l'énergie, à l'eau et à d'autres éléments essentiels à de bonnes conditions de vie quotidienne participe à l'établissement d'une bonne qualité de vie.

Dans ce cadre, le secteur de l'énergie a fortement évolué du fait d'innovations constantes diverses, telles que les panneaux solaires, les véhicules électriques, les compteurs de consommations connectés, etc. Toutefois, les cas d'usage des technologies blockchain sont relativement peu énoncés dans le domaine de l'énergie alors que le Forum économique mondial, l'Institut de Stanford pour l'environnement et PWC ont recensé près de 65 cas d'usage de la blockchain dans le secteur répondant

---

1. Global Market Insights, «Blockchain technology in Energy Market to hit $3bn by 2025 : Global Market Insights, Inc. », 10 avril 2019.

majoritairement aux problématiques suivantes : changement climatique, biodiversité et survie des espèces, qualité des océans, qualité de l'eau potable, qualité de l'air ou encore événement météorologique sujet à catastrophes. Principalement, les cas d'usage appliqués à des problématiques sont relatifs à la diffusion de l'information en temps réel et à l'authentification de production d'énergies renouvelables ou fossiles sur la blockchain[1].

La blockchain améliore le travail des fournisseurs d'énergies tant sur le traçage de données que sur la distribution d'énergies renouvelables. De multiples problèmes sont actuellement présents dans le secteur de l'énergie. Ils sont notamment en lien avec l'existence de mode de travail en silos où, à la manière du bâtiment, de multiples acteurs existent et démultiplient la distribution d'informations.

La première promesse de la blockchain, c'est de réduire les coûts, et cela est notamment possible par l'usage d'objets connectés[2]. Les technologies blockchain combinées à des objets connectés permettent aux consommateurs d'échanger de l'énergie directement à partir du réseau de distribution d'électricité plutôt que par des intermédiaires distributeurs. Cette approche de la distribution de l'énergie contribue au concept de *smart grid*. Ce dernier est défini tel un réseau de distribution électrique ajustable en temps réel par une distribution transparente d'informations entre fournisseurs et consommateurs. La combinaison des objets connectés avec la blockchain aurait pour premier

---

1. Celine Herweijer, Dominic Waughray, Sheila Warren, « Building Blockchain for a Better Planet », septembre 2018, World Economic Forum.
2. Les objets connectés sont ce qui constitue l'Internet of Things (communément appelé IoT) : ils permettent une communication entre des éléments physiques et Internet. Un exemple concret est le compteur électrique intelligent qui permet de contrôler en temps réel la consommation d'électricité *via* son Smartphone.

objet de réduire les pointes de consommation d'électricité afin de mieux lisser la production de celle-ci. La distribution intelligente électrique, aussi appelée *smart grid*, contribue au développement des *smart cities (cf. p. 34)*.

Nous allons nous intéresser à un cas d'usage particulier de blockchain applique aux *smart grids*, il s'agit de Grid+[1].

Grid+

Cette start-up a identifié que les distributeurs d'électricité sont la principale cause de l'inefficacité du marché de l'énergie puisqu'ils disposent en réalité de peu d'infrastructures de réseau électrique, mais s'occupent pour autant de gérer certains services que la blockchain pourrait remplacer tels que la facturation ou le contrôle de consommation.

Grid+ utilise la blockchain Ethereum pour faire fonctionner le réseau. La société a créé le Grid Token qui donne à son possesseur accès à un réseau électrique de 500 kWh d'énergie à un prix de 25 % inférieur au prix du marché. Grid+ a développé Lattice1, un outil physique qui permet de suivre en temps réel sa consommation électrique, mais aussi de disposer d'un suivi financier relatif aux *grids* (des tokens relatifs au réseau, représentant la consommation électrique) détenus. La consommation électrique est de cette manière reliée directement au réseau blockchain par le biais d'un objet connecté et par le suivi des dépenses directement reliées au portefeuille de *grids* détenu.

Utiliser la technologie blockchain pour supplanter le travail des distributeurs d'énergie électrique pourrait créer une économie de 40 % sur la facture du consommateur final. En effet, si les utilisateurs sont directement connectés sur le réseau électrique, il est possible pour eux *via* la blockchain d'acheter l'énergie au prix le plus juste (en fonction de l'offre et la demande).

---

1. https://gridplus.io/grid-token

Une conséquence directe de l'utilisation de la blockchain dans le domaine de l'énergie est bien entendu l'émergence de places de marché de l'énergie. Un rapport blockchain sur l'énergie réalisé par Wood Mackenzie en 2018 révèle par ailleurs que près de 60 % des projets blockchain liés à l'énergie sont relatifs à la création d'un réseau *peer-to-peer*[1]. Plus précisément, cela correspond à un réseau d'individus qui échangent leur production d'énergie excédentaire avec d'autres membres du réseau qui sont dans le besoin. C'est de cette manière que de multiples initiatives de création de communauté autour de *micro grids*[2] émergent, permettant une distribution d'énergie totalement transparente et fluide sans intermédiaire.

LO3 Energy est une entreprise qui combine de même la blockchain et l'IoT pour optimiser la distribution électrique. Elle a déployé des projets sur le sujet.

LO3 Energy

Le projet LO3 Energy[3] qui utilise les *micro grids* a déjà été testé à Brooklyn (États-Unis), dans le sud de l'Allemagne et en Australie. Le projet vise à créer une place de marché de l'énergie qui est connectée à des réseaux électriques plus conséquents. Il s'agit du premier projet qui permet à des individus d'acheter et de vendre de la production électrique au sein d'un réseau multiple de production d'électricité. Un dispositif hybride évalue l'énergie consommée par le bâtiment et transfère l'information aux membres du réseau. C'est ainsi un excellent moyen de distribuer l'énergie directement à partir d'un réseau de production en fonction de l'offre et de la demande.

---

1. Wood MacKenzie, «Blockchain for Energy 2018: Companies and applications for Distributed Ledger technologies on the Grid», 5 mars 2018.
2. Les *micro grids* sont des groupes localisés de création, de stockage ou encore de recharge électrique.
3. https://lo3energy.com/

De multiples initiatives comme celles-ci sont déployées dans le milieu de l'énergie : qu'il s'agisse de place de marché de l'énergie renouvelable[1] pour certifier la provenance de production et en permettre l'échange, de la création de plateforme de partage d'informations destinées à tous les citoyens pour éviter les fraudes[2], de la mise en place de système de *supply chain* pour la production et la transformation de gaz et de pétrole, etc. Toutes ces évolutions vont nous permettre de gérer nos bâtiments plus intelligemment.

Mieux gérer l'utilisation d'un ouvrage

Dans cette optique, la blockchain combinée à l'IoT va aider à la naissance de bâtiments intelligents autrement appelée *smart buildings*. Ces derniers sont des bâtiments équipés de multiples équipements connectés qui permettent de gérer au mieux l'espace constructif, notamment en distribuant de l'électricité uniquement lorsque des personnes se situent dans une pièce, en ajustant la consommation de chauffage en temps réel en fonction de la météo, en répertoriant l'accès des individus au bâtiment, etc. De la même façon ces capteurs connectés permettraient de suivre en temps réel la consommation de tout type d'équipement électrique (climatisation, chauffage, lumières, alarmes, passerelles, routeurs réseaux…) ou encore la consommation d'eau.

Nous allons ainsi nous intéresser à un bâtiment réalisé il y a plusieurs années, il s'agit de The Edge situé à Amsterdam.

---

1. Power Ledger a annoncé en avril 2020 le déploiement de ce type de plateforme pour mieux sourcer et échanger les énergies renouvelables. Source : Marine Debelloir, « France : Power Ledger et ekWateur lancent une plateforme de trading des énergies renouvelables », Cryptoast, 9 avril 2020.
2. En avril 2018, la Commission nationale d'énergie chilienne a annoncé le déploiement de ce type de projet gouvernemental. Source : *Blockchain in Energy and Sustainability*, ConsenSys.

The Edge

En 2015, The Edge[1] est considéré comme le bâtiment le plus
« vert » du monde, mais ce n'est pas le plus important, The
Edge est par-dessus tout probablement le bâtiment le plus
connecté du monde. L'entreprise Deloitte a développé une
application qui permet d'interagir avec le bâtiment. Lorsque
l'on arrive au parking, une caméra reconnaît chaque arri-
vant grâce au permis de conduire et lui fournit un accès
automatique.

Dans ce bâtiment, personne n'a de bureaux puisqu'il s'agit
plutôt d'espaces qui peuvent être réservés au jour le jour.
Chaque espace a une particularité : pour se concentrer, pour
échanger, pour effectuer une réunion, etc. Ce concept a entre
autres permis d'économiser de la place tout en fournissant un
lieu de travail pour 25 000 personnes. Cette application créée
par Deloitte permet de s'identifier, de réserver son espace de
travail, mais aussi connaît les préférences de ses utilisateurs
relatives à l'éclairage des espaces de travail, le chauffage ou
autre. De la même façon, des écrans géants peuvent être liés
avec des téléphones directement pour transmettre une image
via seulement un QR Code.

Tout cela n'est possible que par des installations hautement
technologiques qui ont spécialement été conçues pour le bâtiment en question. Il y a par exemple des panneaux LED au
plafond qui sont branchés individuellement par des câbles
Ethernet pour gérer et capturer des données de consommation. Le bâtiment est équipé de 28 000 capteurs reliés à
Internet. Il est équipé de panneaux photovoltaïques sur les
murs et les toits afin d'alimenter la consommation électrique
entière du bâtiment. L'eau de pluie est collectée pour irriguer
les jardins ou encore pour être utilisée dans les toilettes.

Le cabinet Bloomberg énonce qu'il s'agit probablement de
la réalisation la plus aboutie d'un Internet des Objets que le
monde n'ait jamais vue.

---

1. https://www.youtube.com/watch?v=JSzko-K7dzo&feature
    =emb_title

Ce dernier exemple est bien entendu non applicable à grande échelle aujourd'hui, mais il permet cependant d'appréhender la puissance créée par l'IoT. La blockchain pourrait ajouter une couche de sécurité importante à l'ouvrage de The Edge.

Par ailleurs, une combinaison de l'usage de l'IoT avec la blockchain pourrait, entre autres, faire disparaître certains métiers, notamment celui d'expert en bâtiment.

L'analyse de Yoann Alfonsi, cofondateur d'Immiris et président de Global Expert

«Nous (Global Expert) intervenons dans l'expertise du chiffrage principalement des bâtiments endommagés. À partir du moment où on sera dans l'Internet des Objets, où l'objet lui-même sera capable de dire : "Moi, j'ai été acheté en 2016 à tel prix" et que l'on pourra envoyer le signal dans la blockchain et tracer ce message, on n'aura plus besoin, nous, d'intervenir. Il existe aujourd'hui des briques d'aggloméré qui sont capables de donner leur niveau d'usure (taux de vétusté). À partir du moment où l'on envoie cela dans une blockchain, le métier d'expert sera menacé, mais cela ne sera pas du tout immédiat, c'est plutôt à long terme.»

À court terme, Immiris[1] a développé une solution innovante combinant l'Internet des Objets avec la blockchain qui pourrait intéresser les dépositaires de permis.

Immiris

Déposer un permis est une première étape dans le lancement d'un projet. Toutefois, dès qu'il est accepté par l'administration, il doit être affiché sur un panneau durant une certaine durée à l'emplacement des travaux et suivre un certain formalisme. Ne pas respecter un des éléments cités ci-avant peut entraîner l'annulation d'un permis de construire.

---

1. https://www.immiris.com/

> On fait généralement appel à un huissier pour prouver que les critères d'emplacement, de durée et de formalisme sont respectés. Immiris a développé une solution 100 % digitale pour faire son constat de permis grâce à la blockchain Ethereum. L'affichage du permis peut ainsi être horodaté et certifié en temps réel par la blockchain. La photo prise du permis de construire est inscrite dans la blockchain indiquant la date et l'heure précise de l'emplacement. Il devient alors inutile de faire appel à un huissier.
>
> Immiris étudie en ce moment le développement d'un panneau de construire connecté afin que la permanence de l'affichage à un emplacement donné ne puisse être contestée.

Le précédent cas d'usage quoique très pratique montre qu'il y a plusieurs hiérarchies de développement à envisager qui, sur le long terme, peuvent devenir très puissantes.

Pour bien saisir les impacts de l'IoT combinée à la blockchain, il suffit d'imaginer que d'un seul clic sur une plateforme on pourrait non seulement connaître tout l'historique transactionnel d'un bien (achat, vente, cession, rénovation), mais aussi l'historique relatif à sa construction et au-delà de ça toutes les données relatives à sa consommation d'énergie, d'eau et bien d'autres éléments sur l'antériorité que l'on souhaite (1, 5, 10, 50, 100 ans peut être !).

L'usage des technologies blockchain doit être envisagé pour servir le développement non pas de bâtiments, mais de villes connectées.

Décentraliser pour protéger les données

Il existe de multiples sortes d'objets connectés présents dans notre quotidien : assistants vocaux (Amazon Echo, Google Home par exemple), montres (Apple Watch, FitBit…), thermomètres (Nest et similaires), chaussures, éclairage, volets, etc. Jour après jour, chaque individu utilisera de plus en plus d'objets connectés. Cisco a prédit que 50 milliards d'objets connectés seront utilisés d'ici à fin 2020[1]. Cette constatation confirmerait d'ailleurs l'émergence de *smart home* ou maison intelligente, c'est-à-dire d'habitations entièrement connectées (chauffage, store, eau, électricité…). Sur une plus grande échelle, le célèbre cabinet de conseil et de recherche Gartner estime que 9,7 milliards d'objets connectés seront utilisés dans les villes d'ici à fin 2020[2].

Certains estiment que 10 % des *smart cities* utiliseront des rues directement illuminées au sol ou encore que 30 % des services à la personne urbains vont supposément développer des robots capables d'assister l'humain, notamment pour les accouchements, d'ici à 2030. D'autres éléments indiquent que 3 millions de personnes viennent habiter en ville tous les jours[3] ou encore que 68 % de la population vivra dans des villes d'ici à 2040[4].

La multitude d'objets connectés présents à la fois dans notre quotidien chez nous et dans les villes invite à se poser les questions relatives à la protection des interfaces connectées, de leurs utilisateurs, mais aussi de la capacité d'un système informatique à supporter toutes ces interactions de données. La blockchain est en bonne voie pour permettre de répondre à ces problématiques de sûreté et de protection.

---

1. Minhaj Ahmad Khan, Khaled Salah, « IoT security : Review, blockchain solutions, and open challenges », ScienceDirect, 2017. À noter toutefois que les estimations varient beaucoup et alternent entre 10 et 200 milliards d'objets connectés d'ici à fin 2020.
2. Gartner, « Connected things installed base within smart cities », mars 2015.
3. D'après l'Organisation internationale de l'immigration : Bret Boyd, « Urbanization and the mass movement of people to cities », Grayline Group.
4. Organisation des Nations unies, « 68 % of the world population projected to live in urban areas by 2050 says UN », 16 mai 2018.

Pour mieux le comprendre, il est essentiel d'identifier les principaux blocages auxquels fait face l'Internet des Objets. Le premier élément concerne celui de la surcharge d'information. Un objet connecté récolte beaucoup de données, très souvent en temps réel. Cette collecte de données peut aller de la pulsation cardiaque du porteur à la fréquence sonore de la voix de son utilisateur, ce qui nous laisse imaginer la quantité de données collectées par ce type d'objet. Il suffit ensuite de se représenter le nombre d'interactions avec des objets connectés par personne, de lister le nombre d'objets connectés utilisés (nous avons énoncé plus haut l'estimation de 9,7 milliards d'objets connectés dans les villes par Gartner) et il devient aisé de comprendre à quel point la problématique concernant la compilation de données occupe une place majeure. Enfin, dernier élément, et non des moindres, ces objets connectés sont généralement reliés à des serveurs détenus par une entreprise ou plusieurs que l'on appelle communément *cloud*. Cette technologie a été utilisée pendant de nombreuses années pour connecter des objets physiques entre eux (transfert d'information) mais aussi simplement pour stocker leurs informations.

De même, le fait que seulement certaines entreprises détiennent des données de plusieurs millions d'individus (voire milliards) questionne la continuité du système. En effet, si l'une de ces entreprises venait à subir soit une attaque informatique, soit des dommages directs sur ses serveurs ou encore simplement faire faillite, l'intégralité des informations collectées pourrait être perdue et la pérennité des services connectés proposés remise en cause.

La blockchain intervient donc directement sur les problématiques de centralisation des données. Les technologies blockchain étant de nature décentralisée, cela permet aux objets connectés de communiquer entre eux directement, c'est-à-dire sans l'intervention d'un tiers puisque les objets connectés peuvent s'identifier entre eux *via* la signature cryptographique permise par ces technologies. Par exemple, un système électrique qui ajuste le degré d'éclairage en fonction de la luminosité ambiante nécessite d'évaluer le degré de lumière existant dans l'environnement, mais aussi de communiquer avec le système d'éclairage pour que ce dernier diffuse la lumière de manière appropriée.

Par ailleurs, la problématique liée au coût d'entretien des serveurs *cloud* serait levée puisque la blockchain ne nécessite *a priori*[1] pas de serveur de stockage (les membres du réseau étant eux-mêmes utilisateurs et serveurs). Il convient en effet de noter que le *Cloud Computing* a coûté approximativement 210 milliards de dollars dans le monde et que son coût devrait atteindre les 370 milliards d'ici à 2022[2].

Ainsi, le développement de l'IoT conjugué à la blockchain peut en réalité prendre trois formes différentes :

- un développement d'interactions directes entre objets connectés (IoT-IoT) qui est décrit comme l'interaction la plus fluide puisqu'elle peut fonctionner sans connexion directe à Internet (puisqu'ils communiquent directement entre eux). Dans ce cas, seulement une partie de la donnée IoT est stockée sur une blockchain, mais les interactions entre objets connectés seraient « off-chain »[3]. Ce type d'approche est relativement intéressant lorsque la donnée détenue est fiable avec des interactions à faible latence ;

---

1. Nous l'avons vu, cela dépend du degré de développement souhaité pour une blockchain. Se référer au chapitre 1.
2. International Data Corporation (IDC) « Worldwide Public Cloud services Spending Forecast to reach \$210 Billion this year », 28 février 2019.
3. C'est-à-dire en dehors de la blockchain.

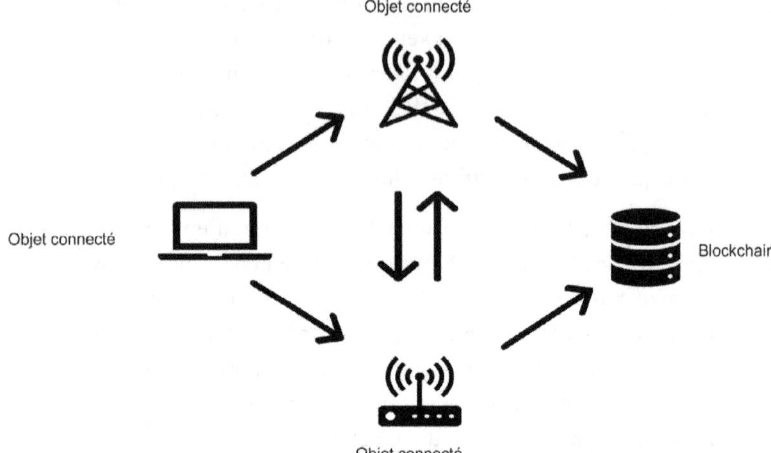

**Interactions, échanges de données avant stockage
de données dans la blockchain : l'interaction IoT-IoT**

- une intégration complète des interactions interobjets connectés *via* la blockchain (IoT-Blockchain) permettrait de disposer d'un registre inchangeable répertoriant non seulement toutes les interactions entre objets connectés de façon 100 % fiable, mais aussi les données. Chaque donnée est enregistrée sur une blockchain et cette dernière crée une réponse adaptée en fonction de la collecte d'informations. L'intérêt est d'être en capacité de questionner le système informatique sur toutes les interactions enregistrées entre tel objet et tel autre, mais surtout d'accroître l'autonomie des objets connectés.

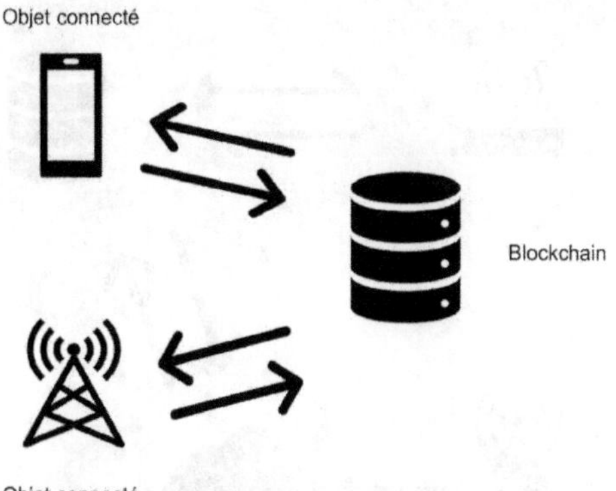

Interactions, échanges de données stockés dans la blockchain :
l'interaction IoT-Blockchain

- une approche hybride est tout autant envisageable où certains objets connectés échangent directement entre eux par *cloud* et où d'autres intègrent l'entièreté de leurs interactions sur une blockchain. Savoir lier les deux approches citées plus haut ferait bénéficier de la fluidité optimale permise par l'Internet des Objets tout en conservant l'atout sécuritaire promis par la blockchain.

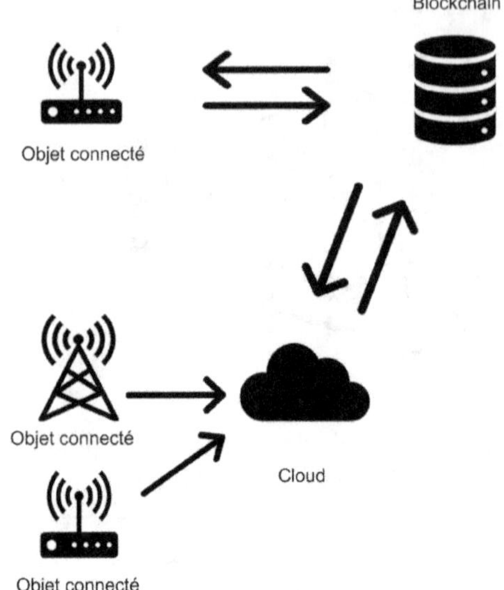

Interactions, échanges de données stockés dans la blockchain
dans certains cas et stockés dans le *cloud* pour être sécurisés
par la blockchain ensuite dans d'autres cas : l'interaction hybride

Encore une fois, la blockchain n'est pas la réponse à tout, il faut être en capacité d'identifier lorsque celle-ci est nécessaire et lorsqu'elle ne l'est pas. Les coûts de développement d'une blockchain liés à ceux du déploiement de l'IoT peuvent être élevés puisque plus une blockchain est complexe plus elle requiert de développement. De la même manière, plus un objet connecté réalise d'interactions et détient différents niveaux d'interactions, plus le coût de réalisation de l'objet sera élevé.

Ainsi, la problématique relative aux coûts de stockage des données mais aussi à leur centralisation peut être résolue par une intégration entière ou partielle de l'IoT avec la blockchain. Il reste toutefois difficile de savoir vers quel type d'Internet des Objets l'on s'oriente aujourd'hui.

Quoi qu'il en soit, la blockchain devra être utilisée dans les années à venir pour protéger les objets connectés de cyberattaques.

Lutter contre les cyberattaques

L'usage des technologies blockchain pourrait être relativement utile à la sécurisation des données à la fois concernant les informations transmises, mais aussi pour les objets connectés eux-mêmes.

De nombreuses informations sont collectées par les objets connectés et parfois certaines données confidentielles peuvent être collectées indirectement. Par exemple, un thermomètre connecté à votre Smartphone peut indirectement révéler votre position. Qu'il s'agisse d'utiliser la blockchain ou pas, la problématique majeure reste la même, il faut crypter les données transmises. À l'inverse des méthodes de cryptage traditionnelles, la blockchain pourrait, de façon additionnelle, protéger les données collectées par un objet connecté corrompu. Le risque qu'un groupe ou qu'une personne mal intentionnée utilise les données à ses propres fins est un problème clairement identifié. Le pire scénario envisageable est qu'un objet connecté « contrôleur » d'un groupe d'objets connectés soit corrompu et utilisé à des fins de sabotage ou vandalisme. L'autre situation envisageable est simplement relative à la perte ou au vol de données. Six mille milliards de dollars, c'est le coût mondial estimé du cybercrime pour 2021[1]. D'ici à fin 2020, 25 % des attaques ciblant des entreprises auront un lien avec les objets connectés[2]. Ces deux informations montrent clairement que le sujet de la sécurisation des données IoT arrive à point nommé...

---

1. Steve Morgan, « Cybercrime Damages $6 Trillion by 2021 », Cybercrime magazine, 16 octobre 2017.
2. Ahmed Banafa, « A Wake up call for IoT », OpenMind BBVA, 5 décembre 2016, données tirées de Gartner.

Un type d'attaque envisagé correspond à la compromission d'objets connectés qui envoient une quantité massive d'informations spams à un site internet pour le faire «planter». Une fois le serveur surchargé, il est impossible d'interagir avec lui. PayPal, Netflix, Twitter ont notamment été victimes de ce type d'attaque.

Une blockchain pourrait, *via* l'usage de signature cryptographique, permettre aux objets connectés d'authentifier la provenance des données et ainsi refuser le transfert de données lorsque la source émettrice n'est pas vérifiable.

De la même manière, les données relatives aux utilisateurs d'objets connectés peuvent être protégées et sécurisées *via* la blockchain. Pourquoi la blockchain plutôt qu'une autre technologie de sécurisation ? L'un des premiers arguments notables est que pour faire tomber un écosystème blockchain, il faut réussir à contrôler plus de 51 % du réseau, ce qui nécessite soit une forte puissance informatique, soit une possession importante de tokens relatifs au réseau *(cf. p. 23)*.

Dans cette optique, la blockchain se combine très bien avec l'IoT dans tous les secteurs, ce qui apportera un élément sécurisant pour tous les habitants d'espaces urbains.

Aussi, intéressons-nous à l'entreprise Chain of Things (CoT), laboratoire d'innovation spécialisé dans le développement des complémentarités en IoT et blockchain.

Chain of Things

Chain of Things[1] est l'une des nombreuses entreprises qui soulèvent la problématique de l'interopérabilité, la sécurité et l'identité de l'Internet des Objets. L'entreprise développe

---

1. https://www.chainofthings.com

ainsi de multiples cas d'usage liés intégrant la blockchain et l'usage d'objets connectés. Un de leurs projets est Chain Solar. L'objectif est de fournir l'accès à l'électricité *via* la production photovoltaïque au 1,1 milliard d'habitants qui n'y ont pas accès. L'intérêt du projet est de certifier la production d'énergies renouvelables afin de récompenser les membres du réseau qui produisent ce type d'énergie et d'en permettre la distribution de façon fluide au sein de la blockchain. Le projet utilise la technologie Bitcoin et l'articule avec des mécanismes de *smart contract*.

Un autre projet relativement intéressant développé par la même entreprise est Chain of Shippings. L'idée est d'appliquer la force des technologies blockchain au secteur logistique. En effet, de nombreux cas d'usage sont développés dans le secteur puisque la blockchain permet entre autres de lutter contre la contrefaçon et la perte de temps liée aux traitements administratifs douaniers. L'objectif de Chain of Shippings est de digitaliser les éléments contractuels d'une livraison sur la blockchain *(via smart contracts)* et de s'assurer de l'exécution du contrat grâce à des objets connectés inclus dans le container de livraison qui fournissent l'information en temps réel.

En réalité, ce que l'on constate, c'est que dans le cadre d'intégration des technologies blockchain à d'autres technologies, ce n'est pas seulement le secteur immobilier qui est servi mais plus largement les villes et espaces urbains. Cette évolution montre qu'en réalité, la blockchain n'est pas une technologie qui s'appréhende seule et que pour que l'immobilier en bénéficie, d'autres secteurs économiques doivent l'intégrer.

Dans cette optique, la blockchain permet d'entrevoir un futur connecté sécurisé, mais cela a aussi une vertu directe sur la fluidification des interactions des habitants au sein des villes.

Digitaliser l'identité citoyenne pour servir les populations

Le nombre d'interactions que nous avons avec différents appareils électroniques est très important dans notre quotidien. De même, il est souvent nécessaire de s'identifier pour prouver qui nous sommes : compte bancaire, permis de conduire, certificat de naissance, vaccins, études, assurance, pour créer ou renouveler document d'identité, participer à un vote, prouver la propriété d'un bien, prendre part à des soins…

Lorsque l'on souhaite accéder à tous ces services ou utiliser l'un d'eux, il est nécessaire de s'identifier en fournissant notre pièce d'identité et parfois plus *(cf. chapitre 2)*. L'idée qu'il est possible de déployer *via* les technologies blockchain est le développement d'identité citoyenne entièrement digitalisée, comme cela a été énoncé plus haut pour un bien immobilier. Cela permettrait à tout un chacun d'avoir accès à n'importe quel service sans avoir à de nouveau fournir des informations. En effet, ces dernières pourraient entièrement être stockées sur une blockchain publique. Les services auxquels les citoyens souhaiteraient accéder pourraient être reliés à cette blockchain unique. De cette manière, les interactions peuvent se produire en toute fluidité et de façon entièrement sécurisée. On peut aisément imaginer le déploiement d'une blockchain entièrement *peer-to-peer* dans laquelle chaque individu dispose d'un droit de diffusion de ses informations aux membres du réseau ou aux partenaires. C'est notamment ce que propose l'entreprise Civic[1] ou encore le projet européen Decode. Nous allons particulièrement nous intéresser à ce dernier.

---

1. https://www.civic.com/company/

Decode

Decode[1] est un réseau blockchain citoyen qui permet à chaque utilisateur de disposer du droit de diffuser ou non ses informations. En réalité, cette approche est exactement celle décrite par les initiateurs du mouvement *Cypherpunk (cf. p. 11)* (à ceci près que c'est une institution qui détient et gère la blockchain…). Le principe de Decode est de permettre aux utilisateurs de proposer des services entre eux tout en se protégeant de la diffusion inutile de données. La donnée privée diffusée au sein du réseau est privée, à moins que les utilisateurs ne décident de la partager. Une possibilité de vote lors de débats publics est possible. Enfin, Decode est un projet européen porté majoritairement par Barcelone et Amsterdam. Ce projet compte de nombreux partenaires tels que le CNRS, Arduino, et fait aussi partie de l'initiative européenne Horizon 2020.

La pertinence du développement d'une digitalisation de l'identité de chacun des concitoyens est cependant à nuancer car cela dépend du type de développement envisagé *(cf. chapitre 1)*. En effet, si une blockchain répertoriant les identités de chaque individu ainsi que tous leurs faits et gestes étaient à disposition d'un État ou d'une entité privée, la vertu première de la blockchain serait perdue. Au-delà de ça, on pourrait imaginer l'apparition d'un monde similaire à l'œuvre *1984* de George Orwell[2]. À l'instar de l'initiative Decode, on est toutefois en droit d'imaginer une blockchain qui permettrait à tout un chacun de disposer du droit de diffusion de ses données privées, même si les initiateurs du projet travaillent pour plusieurs États.

---

1. https://www.decodeproject.eu
2. Dans cet ouvrage, George Orwell dépeint l'existence d'un régime totalitaire surveillé constamment par *Big Brother*.

D'autant plus qu'il convient de rappeler que pour interagir avec une blockchain, il est nécessaire de connaître sa clé privée. Si une blockchain d'identité entièrement décentralisée venait à exister, il n'est pas inimaginable de penser au risque de la perte de clé privée par les individus. Or, lorsqu'une clé privée est perdue, il est impossible pour son détenteur de la récupérer, c'est d'ailleurs comme cela que de nombreuses personnes disposant d'une fortune en bitcoins ne sont plus en mesure d'y accéder (ils ont oublié/perdu leur clé privée)…

Bien qu'elle doive être réfléchie dans ses applications concrètes, cette digitalisation d'identité des citoyens pourrait toutefois contribuer au développement d'une meilleure qualité de vie dans les quartiers.

Améliorer la qualité de vie dans les quartiers par les commerces et les transports

La blockchain – comme nous l'avons indiqué dans cet ouvrage – a permis le développement de monnaies fonctionnant de manière complètement indépendante aux établissements bancaires et financiers existants[1]. Ces développements permettent même d'imaginer des quartiers qui fonctionnent tels des écosystèmes où chaque personne interagit au sein du réseau, qu'il s'agisse de commerçants, de locataires, de propriétaires, d'élus, etc.

En réalité, disposer d'un réseau de distribution d'information entièrement sécurisé tel que la blockchain permettrait de générer de la haute valeur à la fois pour les habitants mais aussi pour les professionnels qui réalisent leur chiffre d'affaires grâce au commerce local. On peut imaginer une blockchain qui permet aux commerçants d'accorder des réductions à un

---

1. Bien que certaines d'entre elles, les *stable coins*, indexent leur valeur sur les monnaies existantes (dollars, euros…).

type spécifique de client présent dans un certain périmètre ou encore de disposer de cryptomonnaie locale relative au quartier donnant des avantages de points ou autre dans un périmètre donné. De la même manière, les professionnels présents dans le quartier pourraient bénéficier d'avis clients spécifiques à leur quartier, ce qui créerait une très haute valeur ajoutée pour un commerçant dans le but d'offrir, par exemple, un service de meilleure qualité. Ces cas d'usage pourraient également s'appliquer pour les élus municipaux afin de collecter des informations par vote ou sondage en amont du déploiement d'un projet quelle que soit sa nature (aménagement, construction, transports notamment).

Par ailleurs, les transports contribuent à la qualité de vie dans un espace urbain. De plus, la diversité des transports urbains est amenée à croître, qu'il s'agisse de transports en commun (bus, métro, train…) ou de transports privés (voiture, drone, trottinette, skate…). La blockchain pourrait générer des interfaces de paiement unique pour l'utilisation de tous ces types de transports. De même, une blockchain pourrait être reliée directement au réseau de transport et fournir en temps réel l'emplacement des transports quelle que soit leur nature. On aurait ainsi une interface globale qui permettrait de gérer complètement le temps de transport, les changements de transport, le paiement de transports (même si plusieurs d'entre eux sont choisis) et plus globalement la cartographie de tous les transports disponibles en temps réel de manière transparente.

À titre d'exemple, il est fortement possible d'imaginer un système de location entièrement intégré sur une blockchain. Une entreprise se consacre particulièrement à la location d'objets connectés et nous allons nous intéresser à un développement, lui aussi lié au transport dans les milieux urbains, Slock.it.

Slock.it

Slock.it[1] développe des cas d'usage ayant vertu à promouvoir l'économie collaborative dans laquelle les objets connectés peuvent être loués et partagés de façon sécurisée sans aucune intervention d'un organisme tiers. Nous allons nous intéresser à un cas d'usage précis que l'entreprise a développé, *Share & Charge*. Il s'agit d'un service de location de station de chargement de véhicule électrique qui fonctionne sans intermédiaire. Le détenteur de l'application peut voir sur une carte toutes les stations de charge à disposition et proches de son emplacement, et en choisir une pour recharger son véhicule et payer en toute fluidité et sécurité. Chaque station de chargement opère selon les instructions de l'utilisateur *via* l'application. Le chargement s'opère *via smart contract* sur la blockchain Ethereum, ce qui permet à l'utilisateur de recharger directement son véhicule en effectuant simplement une transaction. C'est ainsi que *Share & Charge* est l'une des premières plateformes utilisant un « dispositif de connexion blockchain physique ».

Il existe en réalité une multitude de cas d'usage se référant à l'usage des technologies Blockchain avec l'IoT. Les décrire prendrait du temps, en voici pour cela une liste non exhaustive : IOTA Smart Energy, IOTA industrial IoT, IOTA Mobility and Automotive, NetObjex, IBM et le projet ADEPT, Watson IoT, MyBit, Chronicled, Blockchain Of Things, Modum, Aigang, AeroToken…

Les technologies blockchain combinées à l'IoT permettent d'envisager le futur d'une ville connectée de façon sécurisée puisque l'information sera entièrement ou partiellement partagée *via* une blockchain et que les interactions et la collecte de données

---

1. https://slock.it/use-cases/#E-Charging

seront entièrement sécurisées, infalsifiables et diffusées uniquement aux interfaces les nécessitant.

Ainsi, la blockchain résout les problèmes relatifs à l'IoT sur trois versants : l'identité, la sécurité, la scalabilité[1] et c'est de cette manière qu'elle contribue au développement des villes du futur qui feront le quotidien immobilier de demain.

La convergence avec l'Internet des Objets intervient tout naturellement avec la blockchain. Dans l'absolu, concevoir l'IoT sans les vertus de la blockchain est un non-sens. Quoi qu'il en soit, il est nécessaire d'envisager la combinaison de la blockchain avec l'IoT sous trois versants[2] (comme énoncé plus tôt).

La blockchain combinée à l'IoT n'est toutefois qu'une partie de l'analyse. L'apport des technologies d'intelligence artificielle à tout cela va permettre de faire émerger des synergies technologiques intéressantes.

SE CONJUGUER À L'IA POUR ATTEINDRE L'ÉTAT DE L'ART IMMOBILIER

Obtenir de la donnée de qualité pour entraîner des modèles prédictifs efficaces

L'intelligence artificielle[3] est une technologie relativement difficile à décrire tout d'abord parce que les champs d'action

---

1. *Scalabity* est un terme anglais qui correspond au « passage à l'échelle ». C'est une expression francisée pour désigner notamment la capacité d'une technologie à croître rapidement.
2. IoT – IoT, IoT – Blockchain, Hybride.
3. C'est réellement le texte *Machines de calcul et intelligence* d'Alan Turing d'octobre 1950 qui constitue un des principes fondateurs de cette technologie – bien que le concept ait déjà été énoncé plusieurs décennies auparavant.

sont larges, mais aussi parce que l'expression en elle-même n'est pas suffisamment précise. Il y a, au sein de l'intelligence artificielle, plusieurs sous-catégories telles que le *Machine Learning* (lui-même pouvant être décrit en sous-parties telles que *Deep Learning*) ou encore le *Natural Language Processing*. L'intelligence artificielle est divisée en de nombreuses autres catégories pouvant relier à la fois des notions mathématiques, statistiques, linguistiques et informatiques. On pourrait globalement la définir de la façon suivante : ensemble des techniques et théories qui permettent de développer des programmes informatiques complexes pouvant simuler l'intelligence humaine. Les impacts de l'intelligence artificielle dans le monde sont immenses pour les années à venir, mais quels sont-ils pour l'immobilier et en quoi ceux-là peuvent-ils trouver un lien avec la blockchain ?

Il convient tout d'abord de comprendre que l'intelligence artificielle, pour fonctionner correctement, nécessite généralement un « entraînement », c'est-à-dire qu'elle devient réellement une intelligence lorsqu'un nombre de données conséquent alimente la machine. Une étude réalisée par Xerox en 2015 indiquait que 70 % des organisations emmagasinaient des données inexactes dans leur système et que 46 % d'entre elles estimaient que cela avait un impact négatif sur leur activité[1].

Il a été énoncé à plusieurs reprises dans cet ouvrage que les technologies blockchain permettent de pallier le double stockage d'informations car on peut être certain de la donnée stockée *via* la mécanique d'horodatage. Une intelligence artificielle doit, pour fonctionner correctement, être entraînée avec des données de bonne qualité, mais aussi des données uniques qui ne faussent

---

1. Eddye Dibar, « 70 % des données stockées par les entreprises sont inutilisables », BFM Business, 19 mai 2015.

pas l'analyse réalisée par la machine sur des «tendances» ou sur tout autre type d'éléments.

La blockchain est une technologie qui fonctionne en réalité en «arrière-plan»[1] puisque l'utilisateur de la technologie ne la «voit» pas fonctionner. Pour autant, elle permet de fournir un cadre informatique et technologique puissant pour déployer des outils très efficaces grâce à la qualité des informations fournies. La blockchain peut intervenir à tous les niveaux de développement d'une intelligence artificielle pour alimenter et transférer des données en toute confiance.

Ainsi, la blockchain permet à l'intelligence artificielle de disposer d'informations de qualité pour exécuter sur les données les tâches suivantes : qualifier (traduire, décrire, synthétiser), apprécier (détecter, prédire, reconnaître), actionner (automatiser, prescrire, générer).

Utiliser différentes couches technologiques pour fluidifier la relation contractuelle

Qualifier les données, c'est interpréter de façon automatisée pour permettre une traduction (langue, chiffre), mais aussi une description et une synthèse. La qualification de données (comme définie ci-avant) peut être relativement intéressante dans l'immobilier pour tout ce qui a trait au contractuel et fonctionner en lien direct avec l'usage des technologies blockchain.

En effet, un contrat, qu'il s'agisse de location ou d'achat de bien contient de nombreuses mentions et l'intelligence artificielle pourrait, entre autres, permettre de résumer les mentions essentielles.

---

1. Nous parlons généralement de technologie *back end*.

Un contrat de location, un contrat d'achat, mais aussi un traité de concession d'aménagement ou de construction, un contrat d'architecte, un contrat de maîtrise d'œuvre et autres contiennent de nombreuses mentions telles que la durée d'exécution, les modalités de paiement, les missions, les conditions d'application d'assurance, etc.

Tous ces éléments sont autant de données qu'il convient d'analyser et de compiler, ce qui n'est pas chose aisée. Cela est d'autant plus vrai lorsque l'on est soi-même porteur de projet car on doit interagir avec un nombre important d'acteurs : notaires, avocats, collectivités (notamment dans le cas de marché public), agents immobiliers, maître d'œuvre, bureau de contrôle, géomètres, État (publicité foncière), etc. Ce sont autant d'acteurs qui nécessitent la contractualisation. L'intelligence artificielle permettrait ainsi de synthétiser les éléments essentiels de chaque type de contrat pour ne résumer que l'essentiel : missions assignées, durée d'exécution, modalités de paiement, responsabilité, planning, etc. Nous allons tout d'abord parler d'un cas d'usage qui n'utilise pas l'intelligence artificielle, mais l'interrogation de données[1] combinées à la blockchain : il s'agit de ContractChain. Christophe Carminati, son cofondateur, nous explique cette problématique liée à la densité d'informations contractuelles, d'autant plus conséquentes dans des projets importants tels que les contrats de construction ou d'aménagement.

L'analyse de Christophe Carminati, cofondateur de ContractChain

« ContractChain[2] est né des difficultés auxquelles j'étais confronté dans le BTP : il y avait des maîtrises d'ouvrage, des architectes,

---

1. La solution permet d'interroger les données contenues dans un document et un autre, et d'identifier s'il y a discordance ou non (simplement par la lecture information de 0 et 1).
2. https://www.contractchain.io

des bureaux d'études qui participaient à l'acte de construire. J'ai connu dans un premier temps le calque, puis AutoCad, puis Autocad 3D puis Revit. Toute cette ingénierie concevait avec l'aide de documents informatiques sous formats natifs et ils m'étaient transmis en PDF lorsque nous devions contracter. Nous devions donc comparer des documents incomparables puis les signer, parapher, tamponner, etc.

In fine, nous perdions toute la valeur de la documentation d'origine qui était sous AutoCad ou sous Revit. Il y avait donc des erreurs et des omissions. Puisqu'il était impossible de comparer un fichier numérique et un papier ou un PDF, je signais bêtement.

En 2016, je rencontre la technologie blockchain et comprends que si elle sait certifier des transactions en cryptomonnaies (Ether, bitcoin...), c'est que ces transactions sont des données informatiques et que c'est le partage dans un réseau étendu qui fabrique la sécurité.

C'était là le début d'une idée, j'ai quitté ce métier pour transformer celui des contrats et de la confiance, de l'extérieur.

ContractChain est une machine qui fabrique des contrats dématérialisés avec des fichiers ancrés sur la blockchain pour être enfin sûr de ce qu'on signe. Il faut rappeler que beaucoup de contrats de plusieurs millions d'euros se signent sans tiers de confiance (c'est-à-dire sans notaire, huissier ou avocat – dont on peut douter d'ailleurs qu'ils relisent avec autant de précision qu'une blockchain).

ContractChain est une machine qui lit, relit et vérifie à la place des acteurs : est-ce que le document fourni dans le contrat est le même que celui dont je suis sûr, et qui est sur mon ordinateur ? Est-ce bien celui qui a été authentifié par la blockchain à une date et une heure données ? ContractChain permet ainsi de signer des contrats juridiquement solides. »

ContractChain est comme le dit son fondateur, une «machine à fabriquer des preuves». En l'occurrence, le fonctionnement de ContractChain permet de s'assurer que tout le monde dispose de la même version d'un document. Il est possible pour les interlocuteurs de configurer une blockchain publique régie par différentes lois. À titre d'exemple, cela fonctionne *via* ces règles :

le fichier original est celui qui est majoritaire, les ordinateurs membres du réseau s'interrogent pour identifier d'éventuelles modifications, si un membre du réseau modifie le document il sera automatiquement remplacé par le fichier majoritaire[1]. Cet exemple d'application très pratique révèle pourtant la puissance de la blockchain au niveau contractuel. Pour compléter l'usage de la blockchain, ContractChain utilise une technique de relecture et compilation de contrats chacun *hashé* un à un pour s'assurer de son intégrité. ContractChain a par ailleurs débuté une collaboration avec le notariat afin de réfléchir à un déploiement pour la VEFA.

Comme il a été énoncé à plusieurs reprises dans l'ouvrage, les *smart contracts* permettent en quelque sorte d'automatiser la réalisation d'un contrat sous certaines conditions prédéfinies dans le code. Nous allons nous intéresser à Olarchy[2].

Olarchy

Dans une relation relative à un bail, il y a toujours un bailleur – de l'institutionnel au propriétaire individuel – et un preneur-locataire. Ce qu'Olarchy a remarqué, c'est que quelles que soient les parties prenantes au contrat de bail, il y a des mêmes critères qui y sont stipulés, c'est-à-dire : la durée du bail, les loyers et les conditions, etc. La densité du contrat du bail dépend bien entendu des interlocuteurs puisqu'un simple propriétaire lambda disposera *a priori* d'un contrat relativement bref mais un institutionnel pourra stipuler une multitude de clauses dans son contrat, le rendant ainsi beaucoup plus dense. Le souhait d'Olarchy est de virtualiser le mécanisme de prise à bail. Olarchy cherche à permettre à deux personnes dont – l'adresse est indiquée sur la blockchain – de signer un bail informatique comportant lui-même les

---

1. Camille Lauzin, «La blockchain et son usage pour les contrats complexes», Finance Innovation.
2. https://www.olarchy.com/

> éléments de négociation du bail (loyers, date d'entrée, date de sortie, etc.). Le contrat lui-même et son exécution se feraient automatiquement sur la blockchain *via smart contract*.
>
> Un autre cas d'usage pratique que développe aussi Olarchy, c'est la possibilité de sortir automatiquement une synthèse contractuelle *via* la combinaison d'une technologie de lecture automatique de texte et d'intelligence artificielle. Cette dernière permet de réaliser une synthèse d'éléments clés inclus dans un contrat.

Il existe ainsi des combinaisons intéressantes de la blockchain avec d'autres technologies telles que l'intelligence artificielle pour fluidifier les relations contractuelles.

Apprécier et actionner les données pour optimiser l'usage de la blockchain

Si l'on s'intéresse cette fois-ci à la capacité de l'intelligence artificielle à apprécier des données, la combinaison avec la blockchain peut être extrêmement intéressante. En effet, une des capacités connues de l'intelligence artificielle est de savoir détecter les fraudes. L'entreprise PayPal a pu, grâce au *Machine Learning* et au *Big Data*[1], se prémunir de 700 millions de dollars de transactions frauduleuses[2]. Quand on sait que la propriété naturelle de la blockchain est l'immutabilité du registre de transaction, il est bon d'avoir une technologie complémentaire qui évite de remplir de façon définitive l'accomplissement d'une fraude dans le registre et donc de permettre la fraude. L'intelligence artificielle agirait ici comme outil complémentaire de prévention à la fraude.

---

1. Grande quantité de données.
2. Chambre des notaires de Paris, « Présentation du projet en intelligence artificielle VictorIA », 11 février 2020, Dossier de presse.

De plus, l'intelligence artificielle peut aussi prévoir l'évolution future des données. De cette manière, on peut imaginer un nombre infini de modèles prédictifs de données permettant de déterminer à l'avance la quantité d'offres et de demandes envisagée pour un quartier spécifique, l'offre et la demande des matières premières nécessaires à la réalisation d'ouvrages pour une période donnée, un modèle de prévision des ventes réalisé pour un agent immobilier, le type de bien qui sera le plus à la vente pendant une période donnée, etc.

C'est ici que la dernière brique liée à l'action de l'IA sur les données intervient. En effet, une intelligence artificielle a aussi une capacité d'actionner les données qualifiées et appréciées afin de prescrire, d'automatiser ou encore de générer. Il est possible d'imaginer une IA capable de conseiller un acheteur juridiquement (tel un avocat, un notaire), voire de rédiger un contrat elle-même. Concernant le dernier exemple, ce n'est dans les faits pas si simple, il y a toujours un écart entre ce qu'une technologie peut apporter et la pratique. En l'occurrence, l'intelligence artificielle est aussi en phase de test, notamment dans l'immobilier. C'est face au constat de la montée en puissance de l'intelligence artificielle que la Chambre des notaires de Paris (CNP) a lancé le projet VictorIA[1] aux côtés de la Banque des territoires et de la société Hyperlex.

VictorIA

Ce projet vise à ce que les professionnels du notariat soient en capacité d'appréhender les technologies liées à l'intelligence artificielle et à la blockchain afin de les intégrer de la façon la plus efficace qui soit dans leur travail. L'objectif est pour la CNP de faire évoluer les métiers du notariat, mais aussi de gagner en autonomie ou encore de développer de

---

1. *Ibid.*

nouvelles offres. Par ailleurs, cela a été mentionné auparavant, la blockchain a très peu de chances, voire aucune, de supprimer le métier de notaire en France puisque celui-ci est un représentant de l'État ; il n'est pas irrationnel d'imaginer la même chose pour l'IA.

La CNP a opté pour une approche d'intégration complète de ces innovations dans le quotidien du métier de notaire. L'expérimentation se développera pour le moment dans les *data rooms* du Grand Paris déjà fortement alimentées en données (densité de population et volume de transactions immobilières obligent). La viabilité du projet reposant sur la gestion des données, une connexion avec la « blockchain notariale » sera effectuée pour tracer de manière fiable tous les documents déposés. L'intelligence artificielle sera additionnée à cela. Elle identifiera automatiquement le type de document à trier, réalisera leur dénomination et extraira aussi les données essentielles de chaque document. D'autres projets sont en cours de développement pour lier l'usage des technologies IA avec la blockchain.

Concernant l'automatisation de tâches permise par l'intelligence artificielle, il convient de noter qu'au moins 30 % des entreprises, de tout type, utiliseront l'intelligence artificielle comme élément pour effectuer leur vente[1].

Ainsi, le travail de l'agent immobilier pourrait être impacté d'une façon ou d'une autre par l'intelligence artificielle. En effet, il est fortement probable d'imaginer une intelligence artificielle capable de conseiller tel un agent immobilier sur le type de bien à acheter *via* une collecte d'informations en amont effectuée auprès du client (cette solution existe déjà[2]). L'usage d'intelligence artificielle réduirait les coûts et les délais

---

1. Instant Office, « AI in Real Estate : What does the AI building of the future look like ».
2. Where do you love est un exemple de ce type de start-up : https://www.whereyoulove.com

et permettrait de réduire la commission exigible puisque l'interface immobilière ne serait pas non plus un agent, mais plutôt une IA. De plus, le travail d'expertise parfois effectué pourrait de même être remplacé par une intelligence artificielle. Il suffirait, dans l'idée, de créer un modèle de données dans lequel toutes les données du marché sont compilées, les historiques de transaction, le montant des transactions et autres[1]. Ce modèle parviendrait à effectuer une prévision de l'évolution du prix du bien et pourrait donner ainsi une valorisation de ce dernier de la façon la plus fiable qui soit.

De plus, il est possible d'imaginer une intelligence artificielle capable d'anticiper le taux de rotation des locataires dans un immeuble, le nombre d'accidents à prévoir dans un immeuble ou un appartement ou encore de prévoir l'usure des bâtiments et de ses matériaux. De la même façon, une intelligence artificielle peut être configurée pour créer des plans d'aménagement propres à chaque ville, c'est-à-dire adaptés aux données relatives à la vie des habitants d'une zone, mais aussi aux transports, aux énergies ou encore aux habitudes de consommation.

Quoi qu'il en soit, un métier de gestionnaire de données urbaines est très probablement d'avenir puisque l'amoncellement de données que créera la combinaison de différentes couches de technologies nécessitera des analyses approfondies. En réalité, on entrevoit clairement que la gestion de données immobilières au sens large deviendra un élément compétitif fort pour des villages, villes, régions et pays. La notion de *smart cities* va donc devenir un enjeu central dans les années à venir.

---

1. Une blockchain par exemple…

Conjuguer IA, IoT et Blockchain
pour servir l'émergence des *smart cities*

L'intelligence artificielle combinée à la blockchain a un réel rôle à jouer. Toutefois, les cas d'usage sont encore peu nombreux car avant d'en créer, il faut s'assurer qu'ils puissent apporter de la valeur ajoutée.

En somme, tout ce qui a trait à l'intelligence artificielle, que cela corresponde à la capacité de cette dernière à qualifier des données, à les apprécier ou encore à les actionner, sera plus efficace et fiable avec l'usage des technologies blockchain quel que soit le niveau d'intervention – transaction, gestion, finance. Il convient de noter tout de même que les usages de l'intelligence artificielle dans l'immobilier sont pour l'instant peu nombreux[1] et que d'après une étude Xerfi de 2019 ils n'ont pas du tout atteint leur paroxysme[2].

Tout ce dont nous avons parlé ayant trait à l'immobilier dans ce chapitre sert un principe général vertueux, celui des *smart cities*.

Les *smart cities* ou «villes intelligentes» sont des villes qui intègrent des technologies de communication et d'information de manière fluide, de sorte que la ville soit un réel environnement fluide qui réponde au besoin de chacun des habitants. À titre informatif voici la liste des dix villes considérées comme s'approchant le plus de la définition de *smart cities* en 2019 : Londres, New York, Amsterdam, Paris, Reykjavik, Tokyo, Singapour, Copenhague, Berlin et Vienne[3].

---

1. Tout comme la blockchain, l'intelligence artificielle a été parfois survendue mais doit encore se heurter à la réalité concrète suivante : quelle production pour quel résultat ?
2. C.P., «L'IA doit encore faire ses preuves dans le secteur immobilier», Bati Actu, 25 mars 2019.
3. IESE Business School, «These are the Smartest Cities in the World for 2019», 21 mai 2019, *Forbes* – https://www.forbes.com/sites/iese/2019/05/21/these-are-the-smartest-cities-in-the-world-for-2019/

L'intérêt premier est de gérer des flux urbains (transports, pollution, populations, énergies, etc.) liant ainsi des concepts d'efficience énergétique, de mobilité douce, de réseaux intelligents ou encore d'habitat intelligent. On peut inclure dans *smart cities*, les notions de transaction de bien et de fluidité. Cette dernière étant liée à la lecture de l'identité, de la distribution et de la gestion des biens immobiliers.

L'immobilier n'est pas qu'une affaire de briques à vendre ou à acheter, c'est avant tout la constitution d'espaces urbains et ruraux au service de la qualité de vie de chacun des habitants et de la fluidité des déplacements et des services. Le futur des *smart cities* pourra être envisagé sereinement à condition de conjuguer l'usage de multiples technologies telles que la blockchain, l'Internet des Objets et l'intelligence artificielle.

Nous allons nous intéresser à l'analyse de Dinis Guarda[1] président fondateur de multiples entreprises technologiques dont Cities ABC. Cities ABC est une entreprise créée en 2020 qui a pour objectif de diffuser un maximum de données en temps réel relatives aux villes. Cela touche tous les aspects : qualité de l'air, R&D, leadership, talents, culture, durabilité, etc. Cette plate-forme est née à la suite de la crise mondiale provoquée par le Covid-19 et cherche à faire émerger des solutions pour les villes de la part des citoyens. Le constat était que l'économie risque de se trouver bouleversée durablement en raison de cette crise sanitaire mondiale. Les villes vont devoir mettre en place des solutions adaptées à de nombreux critères qui les distinguent.

---

1. Listé à plusieurs reprises parmi les plus grands influenceurs FinTech, Blockchain, IA notamment par CoinTelegraph en 2019.

L'analyse de Dinis Guarda, multientrepreneur, fondateur de Cities ABC

« Ce sur quoi nous travaillons avec Cities ABC[1], c'est de créer une identité pour les villes. C'est un bon exemple de convergence blockchain avec les autres technologies. Quand on parle de *smart cities*, la première chose qui vient à l'esprit, c'est d'optimiser les données qui viennent des villes et des différentes applications reliées. Pour cela, il faut précisément digitaliser les bâtiments, les rues, les données relatives aux cessions immobilières, la logistique, les transports, les écoles et tout le reste. S'il y a toutes ces données, il est possible de les optimiser.

Il faut, bien sûr, être prudent avec la façon de les gérer, mais ce que nous souhaitons faire avec Cities ABC, c'est que pour toutes les villes sur la plateforme, nous construisions une stratégie pour les villes. Pour cela, nous combinons l'aspect blockchain – digitaliser – avec l'intelligence artificielle – plus précisément le *Machine Learning* – pour analyser et extrapoler des données pour les villes. Il suffit d'équiper les villes de senseurs[2] qui permettent de collecter des données. On peut, par exemple, identifier les rues les plus utilisées, les moins utilisées et même contrôler le fonctionnement de feux rouges ou encore contrôler la pollution par zone urbaine. L'Internet des Objets collecte la donnée et l'injecte dans la blockchain et l'intelligence artificielle permet de sortir des éléments clés de données. La gestion d'un bâtiment peut s'effectuer de la même manière.

Une des choses que j'ai apprises ces dernières années en créant des technologies blockchain, c'est qu'il n'y a pas de technologie seule. Beaucoup de gens, même des experts, affirment que la blockchain va tout résoudre. Non, tout d'abord, il n'y a pas de technologie pure, la blockchain est une partie technologique, la seule façon de parvenir à créer de la valeur ajoutée, c'est en mixant les différentes technologies. »

Deux points sont à relever dans cette analyse de Dinis Guarda. Le premier, c'est que la technologie blockchain peut à elle seule apporter des choses, mais qu'elle devient réellement puissante lorsqu'elle est combinée à d'autres technologies. Le second

---

1. https://www.citiesabc.com
2. On parle donc ici d'objets connectés.

point, c'est que la blockchain est très souvent mystifiée alors qu'elle n'est en réalité que l'équivalent d'une nouvelle forme d'Internet. D'ailleurs, c'est justement à partir de ce constat que nous allons nous intéresser à la maturation de ce « nouvel » Internet. En effet, il y a, dans ce livre, beaucoup d'éléments qui décrivent les usages concrets et hypothétiques des technologies blockchain dans l'immobilier, mais cette technologie requiert pour autant d'atteindre une certaine maturité…

MÛRIR POUR S'ASSURER D'UNE PÉRENNITÉ TECHNOLOGIQUE

La blockchain est une technologie naissante

La blockchain est une technologie qui n'en est en réalité qu'au commencement ; certains, d'ailleurs, la comparent à l'Internet d'avant les années 2000. On associe très souvent Internet à la révolution de la communication et la blockchain à la révolution de valeur. Quoi qu'il en soit, il existe à l'échelle mondiale peu d'initiatives blockchain et c'est encore plus vrai dans l'immo-bilier. Pour préciser les développements immobiliers, d'après le rapport *Fibree Industry Report Blockchain Real Estate 2019*, la majorité des développements blockchain s'effectuent dans le secteur de l'investissement. Viennent ensuite les développe-ments pour les applications/produits « marché », c'est-à-dire la compilation de propriétés à vendre (maisons, terrains, apparte-ments…), puis l'échange de données, les systèmes d'optimisation de gestion, les solutions technologiques, les titres de propriété, la planification et la construction.

Selon le cabinet d'études Fibree, plus de 500 initiatives blockchain dans l'immobilier dans 66 pays étaient en cours de développement au 31 décembre 2018, c'est-à-dire qu'il existe 500 produits/services en cours de développement ou déjà présents sur le marché. Parmi ces initiatives, le cabinet a pu approcher 39 entreprises et déployer une analyse[1].

Les 39 entreprises sondées par Fibree ont noté 46 défis à relever pour les start-up blockchain. Les plus importants sont relatifs à la réglementation lourde, au temps d'adoption du marché, à la recherche de fonds…

Parmi les start-up sondées, très peu ont levé plus de 1 million de dollars (23 %), ce qui est ridicule pour l'instant. Le développement est donc en cours et, surtout, à ses débuts.

Parmi ces entreprises étudiées, presque 50 % d'entre elles possèdent leur siège social en Europe. L'Amérique du Nord occupe 25 %, le reste étant pris par l'Asie le Moyen-Orient, l'Afrique et l'Amérique latine.

Seulement dix pays ont témoigné d'un avancement important dans le développement de ces technologies. Le plus surprenant est que parmi eux figurent des pays tels que les Émirats arabes unis, les Pays-Bas, Singapour ou encore la Suisse qui possèdent des territoires très petits. *A contrario*, ces pays sont connus pour prendre de fortes initiatives dans le domaine des nouvelles technologies et de la digitalisation des domaines traditionnels. La France ne figure pas parmi les premiers pays. Londres, New York et Singapour sont dans le Top 3. Paris pointe à la 23e place – à nuancer car la France progresse rapidement sur le sujet depuis plusieurs mois maintenant car de nombreuses initiatives sont en cours de développement.

Toutefois, la principale problématique de la blockchain n'est pas que relative aux développements embryonnaires, elle reste réglementaire et juridique.

---

1. Jo Bronckers, Jan Veuger, Alexander Appelmans, Tomica Cesar, Sagar Brahmbhatt, *Fibree Industry Report Blockchain Real Estate 2019*, 2019, Fibree.

De nombreux obstacles juridiques et réglementaires restent à surmonter

L'objectif en France est de réussir à créer un cadre propice à l'usage de cette technologie tout en conservant les institutions qui jusqu'ici fonctionnent bien. Le rôle de l'Autorité des marchés financiers (AMF) est ici central puisque c'est entre autres cet établissement qui sert à établir les cadre juridiques et financiers de l'usage blockchain dans l'écosystème financier déjà existant.

Domitille Dessertine, directrice de la division FinTech, innovation et compétitivité à l'AMF, en 2019 lors du Forum international de la finance à Paris énonçait déjà[1] : « La blockchain est une technologie qui questionne un certain nombre de nos cadres, je dirai que là où il y a le plus d'obstacles aujourd'hui, c'est sur l'articulation avec nos infrastructures de marché puisque la blockchain a quelque part vocation à, si ce n'est remplacer, en tout cas améliorer l'efficacité de ces infrastructures de marché. Aujourd'hui, ces infrastructures traditionnelles sont encadrées par une réglementation, mais qui a été effectivement pensée en dehors du cadre blockchain. Il y a certains ajustements qui devront être réfléchis, examinés et envisagés. Mais la difficulté reste que l'on est face à une technologie assez peu mature encore, dont l'application ne peut pas être envisagée à ce stade à grande échelle sur des marchés financiers traditionnels, mais peut-être plus pour des classes d'actifs qui sont actuellement assez peu liquides[2]. Comment faire pour ne pas modifier complètement tout le cadre ? Il y a des infrastructures aujourd'hui qui restent efficaces et solides, mais l'idée est de créer une sorte de zone où des projets puissent être

---

1. Pauline Armandet, « L'AMF pointe les obstacles au développement d'infrastructures de marché blockchain », AGEFI, 12 juillet 2019.
2. Notez que l'immobilier en fait partie.

développés, testés, de manière sécurisée avec un accompagnement réglementaire.»

Le travail de l'Autorité des marchés financiers et plus largement des institutions existantes aujourd'hui en France et en Europe est donc de trouver un moyen d'imbriquer ces technologies novatrices dans le système existant. L'AMF a entamé de nombreuses initiatives spécialement liées à la régulation des ICO ou des STO. Au niveau européen, l'AMF a de plus, dans un rapport, demandé à la Commission européenne de lever les obstacles légaux liés à la tokenisation d'actifs financiers. L'AMF a spécialement liées des solutions à la Commission européenne pour lever des obstacles plus globalement liés à la blockchain (ce qui exclurait la possibilité d'une blockchain 100 % décentralisée) : l'obligation d'avoir un «manager blockchain», l'obligation d'avoir un intermédiaire financier pour accéder aux instruments financiers, l'obligation de disposer des titres financiers en liquide en monnaie de banque centrale ou en monnaie commerciale, etc.[1]

Et puis, nous l'avons vu, les professionnels de l'immobilier, particulièrement les notaires, sont assez réactifs au sujet de cette technologie ; c'est très probablement en France que nous y verrons des développements très intéressants.

Pour autant, certaines problématiques d'ordre technologique doivent aussi être levées.

---

1. TrustNodes, *France pushes Europe to remove obstacles on Crypto Blockchain*, 12 février 2020.

Certaines incertitudes technologiques doivent être levées

De plus, comme l'a mentionné Domitille Dessertine, la technologie est encore peu mature. L'entreprise Hyperledger[1] a identifié plusieurs points de blocage au développement des technologies blockchain[2]. Le premier obstacle concerne les *smart contracts*. Si un trop grand nombre de conditions venait à être nécessaire pour leur exécution, la complexité du code serait importante. Il est pour cela nécessaire de trouver un moyen de gérer cet amas de conditions directement *via* une requête d'information unique[3] pour simplifier l'exécution de *smart contracts* complexes[4].

Le deuxième obstacle concerne la récupération de données car bien qu'en théorie il soit facile de créer un nouveau nœud, une blockchain met parfois du temps pour se mettre à jour. De même, intégrer un grand nombre de transactions sur une blockchain nécessite des moyens de stockage importants ; à cet effet, des moyens de développement doivent être pensés pour séparer les données à archiver de celles à gérer.

La notion de gouvernance est aussi une problématique essentielle puisque, en théorie, un système qui s'autorégule donne un effet « wahou ». En pratique, il est difficile d'imaginer une gouvernance optimisée du réseau sans gestionnaire (gestion des nouveaux membres, configuration des droits, amélioration ou déploiement des *smart contracts*).

---

1. Baohua Yang, *10 practical issues for Blockchain implementations*, Hyperledger Global Forum, 31 mars 2020.
2. Baohua Yang, Oracle, Principal Architect, Oracle Blockchain Platform.
3. Hyperledger se réfère plus précisément à un langage SQL.
4. Cela revient à l'analyse de Christophe Carminati *(cf. p. 216)*.

La performance d'une blockchain est aussi centrale car il faut assurer différents niveaux selon les applications, qu'il s'agisse d'IoT ou de blockchain «seule»: délai avant transaction effective, capacité du réseau à endosser un certain nombre de transactions simultanées, etc. Car oui, il convient de rappeler que plus une blockchain contient de membres plus elle est sécurisée; par contre, cela intervient aux dépens de la réactivité du réseau puisqu'un nombre plus important de membres requiert un nombre plus important de validations avant réalisation effective d'une transaction.

Par ailleurs, de nombreuses approches cherchent à optimiser la notion de confidentialité des données au sein du réseau blockchain en ne donnant un accès à la donnée qu'à certains membres et en la cryptant pour d'autres, mais aucune solution parfaite n'existe à ce jour. Puis, la question de l'interopérabilité de blockchain – idée selon laquelle une blockchain X puisse interagir avec une blockchain Y – est encore complexe à imaginer; c'est actuellement possible uniquement pour les blockchains basées sur les mêmes technologies[1].

Enfin, il est encore difficilement faisable d'auditer en temps réel une blockchain puisque cela requerrait de pouvoir effectuer une requête sur des *hash* précis afin de vérifier l'intégrité des données partagées par les membres du réseau.

Ainsi, la technologie blockchain est encore en phase de développement et de test dans l'immobilier comme dans d'autres secteurs.

Il convient de noter que de nombreuses perspectives de développement au service de l'immobilier et plus largement des villes et des citoyens pourraient apporter une très forte valeur ajoutée dans ce secteur aujourd'hui archaïque.

---

1. Une blockchain basée sur Ethereum ne pourrait pas actuellement interagir avec une blockchain Hyperledger par exemple.

Pour résumer

Les technologies blockchain sont une première brique indispensable au déploiement d'une identité digitale immobilière pour servir la conception et l'entretien des bâtiments.

Cette première brique cumulée à l'Internet des Objets (IoT) permettrait l'émergence de *smart cities* où les données seraient échangées et stockées en toute sécurité et transparence.

L'avènement des *smart cities* pourra se produire à condition de combiner les usages des technologies blockchain avec celles de l'IoT et de l'intelligence artificielle (IA). Bien que cette dernière étape semble encore loin du fait d'un manque de maturité technologique mais aussi d'un cadre juridique et réglementaire partiel, la convergence de la blockchain avec les autres technologies emblématiques de la PropTech 3.0 pourrait bel et bien amener peu à peu le secteur de l'immobilier à se digitaliser.

La blockchain va ainsi intervenir en commun avec l'IoT et l'IA *via* trois étapes clés :

• la digitalisation des biens immobiliers ;

• le stockage et la sécurisation des échanges de données ;

• le passage à l'échelle pour prévoir et optimiser.

Ces trois phases ne vont pour autant pas se dévoiler immédiatement et vont auparavant nécessiter de surmonter des obstacles :

• technologiques liés à l'immaturité de la blockchain ;

• juridiques et réglementaires pour réussir à s'intégrer correctement dans les institutions existantes pour les pays développés comme la France et plus largement l'Europe.

Conclusion

La blockchain est une technologie encore récente, mais il n'y a aucun doute quant à sa contribution à la révolution PropTech 3.0. La blockchain est une pierre angulaire de cette révolution et plus largement celle de la quatrième révolution industrielle matérialisée par la convergence du monde virtuel de la conception, de la gestion – celui du code – avec le monde physique – celui des atomes.

Il est estimé par le Forum économique mondial[1] que la valeur de la blockchain devrait excéder les 176 milliards de dollars en 2025 et les 3 100 mille milliards de dollars en 2030 notamment grâce à ses applications dans de multiples secteurs.

La blockchain n'est toutefois pas au niveau d'avancement de l'IA ou de l'IoT et reste une technologie encore immature. Pour autant, près de 24 milliards de dollars ont été levés uniquement *via* des mécanismes de financement novateurs issus de ces technologies entre 2013 et 2018 (avec plus de 5 000 levées de fonds en cryptomonnaies)[2]. De plus, seulement en considérant la capacité de marché[3] des 10 principales cryptomonnaies[4] existantes, on atteint 203 milliards d'euros[5].

---

1. *Building Block(chain)s for a better planet, Septembre 2018*, World Economic Forum, PWC et Stanford Wood Institute For the Environment.
2. Francis Lefebvre Formation, «Quand les levées de fonds se font en cryptomonnaies», 6 mai 2019.
3. La capacité de marché est estimée en fonction de l'usage des crypto-monnaies et de leur détention principalement.
4. À noter que les cryptomonnaies à elles seules ne représentent qu'un aspect des technologies blockchain.
5. Source : https://coinmarketcap.com/fr/ site consulté le 6 mars à 16 h. Il existe plus de 3 000 cryptomonnaies à ce jour, mais elles n'ont pas des valeurs similaires au Top 10.

Enfin, les dépenses mondiales dans les technologies blockchain sont d'approximativement 2,9 milliards de dollars en 2019 et atteindraient les 12 milliards de dollars en 2022 d'après le rapport du Forum économique mondial de 2019 sur la blockchain[1].

La combinaison des trois technologies décrites ci-dessus aura un impact économique considérable dans l'économie en général, mais aussi plus particulièrement dans l'immobilier puisque tous les secteurs sont concernés par ces technologies.

Il ne faut pas envisager la blockchain à elle seule comme une révolution ; elle pourra cependant constituer l'artefact central de la digitalisation du secteur immobilier sous tous ses aspects : transaction, gestion, financement, biens immobiliers.

La célèbre courbe de Gartner *Hype Cycle For Blockchain Business 2019* nous rappelle que chaque innovation passe par plusieurs phases : lancement de la technologie, surestimation de ce que l'innovation permet, vallée de la désillusion, pente de l'illumination, plateau de productivité.

En 2019, Gartner estimait que la blockchain dans son ensemble se situe à deux ans d'atteindre le plateau de productivité, mais nous ne sommes pas encore à la phase d'illumination, de prise de conscience réelle de ce qui peut être fait.

Il convient de rappeler que la blockchain reste une technologie qui résout certains problèmes et pas d'autres ; ainsi, il ne sert à rien de déployer une solution qui utilise la blockchain si cela peut être fait plus simplement. La blockchain n'est donc pas une fin en soi.

Le rapport de l'université d'Oxford et de la Saïd Business School *PropTech 2020: The Future of Real Estate* nous rappelle que plus de

---

1. Sheila Warren, David Treat, *Building Value with Blockchain technology : how to evaluate Blockchain's Benefits*, Juillet 2019, World Economic Forum en collaboration avec Accenture.

20 milliards de dollars ont été injectés dans le monde entre 2015 et 2019 dans 7 000 start-up PropTech qui développent le secteur immobilier sur au moins l'une de ces technologies : site internet et applications Smartphones, API, IoT, IA et *Machine Learning*, blockchain, senseurs, réalité virtuelle et réalité augmentée, technologie 5G, *Cloud Computing*, transports technologiques (drones, véhicules autonomes, Hyperloop), impression 3D, etc. Ce document nous rappelle par ailleurs que moins de financements s'opèrent dans l'écosystème PropTech, mais que ceux-ci servent d'ores et déjà à consolider la place de certains acteurs.

Quant à la France, plus de 200 projets blockchain ont été recensés, mais seulement 120 millions d'euros ont été injectés[1]. C'est encore trop peu et certains dirigeants de start-up se plaignent d'ailleurs du manque de capitaux français disponibles face à l'abondance de capitaux américains distribués. La France a un long travail devant elle afin d'apporter une meilleure structuration de l'écosystème blockchain hexagonal. Certaines initiatives sont toutefois remarquables telles que la création d'une Fédération française des professionnels de la blockchain (FFPB)[2]. La France a toutes ses chances de devenir une «blockchain nation» comme le souhaite notamment Bruno Le Maire, ministre de l'Économie française depuis 2017. La France pousse à la régulation au niveau européen avec des acteurs puissants tels que l'AMF.

De plus, il convient de noter que la pandémie du coronavirus impacte d'ores et déjà lourdement l'immobilier dans le monde entier et que la digitalisation de ce secteur par des

---

1. D'après BPI France. Christophe Auffray, Blockchain et Crypto, « La France a du talent mais pas d'argent», Cryptonaute, 12 mars 2020.
2. Juliette Raynal, «Une fédération blockchain va voir le jour en France», *La Tribune*, 8 avril 2020.

technologies novatrices devient un impératif de survie. À cet effet, la blockchain a un rôle central à jouer.

La digitalisation du secteur immobilier n'est donc pas qu'une idée vague très lointaine, ça se produit aujourd'hui. Les professionnels de l'immobilier, notaires, agents immobiliers, avocats, promoteurs, urbanistes, aménageurs, constructeurs, fonds d'investissement, investisseurs, experts immobiliers, experts en bâtiments, publicité foncière, banques, capital risqueurs, plateformes de mise en relation, syndics, bailleurs, locataires, propriétaires, détenteurs de parc immobiliers, collectivités, mairies, gouvernements, hôtels, places de marché, habitants, commerces, services, porteurs de projets, intermédiaires, vendeurs, acheteurs sont tous concernés par les applications de la blockchain qui risquent de bouleverser leur vision de l'immobilier et, plus radicalement, leur quotidien.

Remerciements

J'espère que ce livre vous a permis de comprendre l'ensemble des enjeux immobiliers liés aux technologies blockchain. La rédaction de ce livre représente plusieurs mois de travail intensif de recherches, de discussions et d'analyses. Cependant, il convient de noter que l'environnement réglementaire, technologique et économique évolue rapidement, ce qui rend la maîtrise absolue du sujet impossible.

Un tel ouvrage n'aurait toutefois pu être réalisé sans le soutien de certaines personnes. Je pense premièrement à ma fiancée, Claudia, sans qui je n'aurais probablement jamais réussi à relever le défi. Je remercie bien entendu mes parents, ma sœur, mes frères ainsi que mes proches qui ont cru en moi.

Je tiens à remercier sincèrement les professionnels du secteur qui ont accordé de leur temps pour échanger avec moi sur le sujet de la blockchain dans l'immobilier.

Je pense à Pierre Leroy, président du mouvement social d'entrepreneurs la French PropTech, cofondateur d'EP ; à Tanguy de Ferrières, COO de Masteos ; à Guillaume Perrodin, CEO et cofondateur de Syment ; à Bilal El Alamy, CEO et cofondateur d'Equisafe ; à Michael Sigda, président d'Olarchy, à Christophe Carminati, cofondateur de ContactChain ; à Sacha Boyer, CEO et cofondateur de MyNotary ; à Baptiste Saint-Martin, Product Development Manager chez Mata Capital ; à Yoann Alfonsi, fondateur d'Immiris ; à Dinis Guarda, fondateur de Ztudium, LifesDna, fashionabc, Cities ABC…

Je remercie Guillaume Bertrand, responsable d'édition chez Eyrolles, qui a fourni de nombreuses analyses sur la rédaction sans lesquelles l'ouvrage ne posséderait pas la qualité qu'il a aujourd'hui.

Il y a des personnes qui contribuent toujours à aider d'une façon ou d'une autre dans la rédaction d'un ouvrage. Je pense aux membres de l'Inseec San Francisco qui m'ont permis de révéler en moi cette passion pour l'innovation il y a déjà plusieurs années : Ron Morris, Ryan Mac Carrigan, Andreas Ramos, Marianne Vila…

J'accorde aussi des remerciements particuliers à ces entrepreneurs avec qui j'ai toujours plaisir d'échanger : Marc Simeoni, CEO et cofondateur de Volpy, Sébastien Simoni, fondateur de CampusPlex, cofondateur de GoodBarber et Webzine, président de FemuQuì ; Laurent Pantanacce, COO chez Xbrain et multientrepreneur du numérique ; Etienne Meloni, multientrepreneur ; Denis Jacquet, multientrepreneur…

Je remercie de même Jean-Nicolas Antoniotti, chez qui j'ai pu comprendre, humblement, le fonctionnement du secteur du bâtiment et de l'immobilier pendant presque deux ans.

Grâce à vous tous, j'ai pu écrire cet ouvrage dont je suis fier aujourd'hui, merci à vous.

Ouvrages et rapports

BAUM Andrew, SAULL Andrew et BRAESEMANN Fabian, *PropTech 2020: The Future of Real Estate,* février 2020, Université d'Oxford et Saïd Business School.

BRONCKERS Jo, VEUGER Jan, APPELMANS Alexander, CESAR Tomica, BRAHMBHATT Sagar, *Fibree Industry Report Blockchain Real Estate 2019*, 2019, Fibree.

BUGHIN Jacques, SEONG Jeongmin, MANYIKA James, CHUI Michael, JOSHI Raoul, *Notes from the AI frontier : modeling the impact of AI on the world economy*, Septembre 2018, Mc Kinsey & Company.

DELL TECHNOLOGIES et Institute for the future, *Emerging technologies' impact on society & work in 2030*, 2017.

DELLA CHIESA Martin, HIAULT François, TÉQUI Clément, *Blockchain, vers de nouvelles chaînes de valeur*, Eyrolles, 2019.

DEMIRGÜÇ-KUNT A., KLAPPER L., SINGER D., Ansar S. et HESS J., Base de données Global Findex 2017 : *Mesurer l'inclusion financière et la révolution technico-financière*, World Bank Group, 2018.

DON Bastiaan, RAJAH Dharma, OTT Stephan, FROMM Ken, *Real Estate Use Cases for Blockchain Technology*, 1er mars 2019, Enterprise Ethereum Alliance.

DUCHON Éric, FONG Lee, GELORMINI Josh, GORDON Jacques, JENOWEIN Franz, KELLY Jeremy, MAHONEY Dan, McAULEY Matthew, McBRYDE Will, PATEL Shetal, PLUMB Craig, *Global Real Estate Transparency Index 2018*, JLL, Lasalle Investment Management.

FUTURACORP, *Artificial Intelligence and the Freedom to be Human*, Rapport IPSoft, janvier 2017.

HERWEIJER Celine, WAUGHRAY Dominic, WARREN Sheila, *Building Block(chain)s for a Better Planet*, septembre 2018, World Economic Forum, PWC et Stanford Wood Institute For the Environment.

HSBC & SAVILLS WORLD RESEARCH, *Global Real Estate, Trends in the world's largest asset class*, 2017.

KEJRIWAL Surabhi et MAHAJAN Saurabh, *Blockchain and real estate, Mining unexplored terrain*, Deloitte Netherlands, 2017.

KEJRIWAL Surabhi et MAHAJAN Saurabh, *Blockchain in Commercial Real Estate, The future is here*, Deloitte Center For Financial Services, 2017.

LELOUP Laurent, *Blockchain, La révolution de la confiance*, Eyrolles, 2017.

MANYIKA James, CHUI Michael, BISSON Peter, WOETZEL Jonathan, DOBBS Richard, BUGHIN Jacques et AHARON Dan, *Unlocking the potential of the Internet of Things*, juin 2015, Mc Kinsey Digital.

RICAUD Yan, BARDOZ Jean-Romain, IOVKOVA Vladislava, INVERNIZZI Sophie, JEAN Guillaume, TOUCHELAY Diane, SOORMALY Najlah, *Innovation et BTP, la transformation du secteur est en marche*, PWC, décembre 2018.

SCHNEIDER James, BLOSTEIN Alexander, LEE Brian, KENT Steven, GROER Ingrid, BEARDSLEY Eric, *Profiles in innovation Blockchain putting theory into practice*, 24 mai 2016, Goldman Sachs.

SMITH Julie, VORA Manasi, BENEDETTI Hugo, YOSHIDA Kenta, VOGEL Zev, *Tokenized Securities & Commercial Real Estate*, 14 mai 2019, MIT Management Sloan School, Digital Currency Initiative, MIT Media Lab.

Warren Sheila, Treat David, *Building Value with Blockchain technology : how to evaluate Blockchain's Benefits*, World Economic Forum en collaboration avec Accenture, juillet 2019.

Podcasts – vidéos

Podcasts : Unchained, 21 Millions, a16z.

Chaînes YouTube : Hasheur, Value Tokenized, International Blockchain Real Estate Association.

Glossaire

Actif: élément identifiable qui génère une ressource pour une entreprise, il détient une valeur positive.

Adresse: équivalent du nom de compte de l'utilisateur sur une blockchain.

Anti-Money Laundering: procédure d'identification liée au KYC visant à lutter contre le blanchiment d'argent.

Blockchain: technologie décentralisée qui utilise des fonctions de cryptage pour sécuriser, fiabiliser et transférer l'information au sein d'un réseau dans lequel la confiance est distribuée *via* des algorithmes mathématiques se soustrayant ainsi de tiers de confiance.

Clé privée: intervient tel un chiffrement.

Clé publique: joue le rôle de « déchiffreur ».

Coin: monnaie d'échange propre à un réseau blockchain.

Cryptomonnaie: monnaie émise de pair à pair sans banque centrale utilisée au sein d'un réseau blockchain.

Fonction *hash*: fonction mathématique qui permet de procéder au cryptage des informations contenues dans un bloc.

Initial Coin Offerings (ICO) ou émission de tokens d'usage: émission de tokens détenant plusieurs caractéristiques – utiliser le réseau blockchain relatif au token, exploiter le réseau et les fonctionnalités qu'il peut fournir (droit de vote, droit d'entrée, offres, réseau de partenaires, etc.), échanger son token.

Intelligence artificielle (IA): ensemble des techniques et théories qui permettent de développer des programmes informatiques complexes pouvant simuler l'intelligence humaine.

Internet of Things (IoT) : aussi appelé Internet des Objets, correspond à l'interaction d'Internet avec le monde physique par l'intermédiaire de senseurs ou d'objets connectés.

Know Your Customer (KYC) : processus permettant de vérifier l'identité des clients d'une entreprise. Cela fait référence à la réglementation bancaire qui régit ces activités. Ce processus est utilisé notamment par les banques pour s'assurer de la conformité des clients face aux législations anticorruption ainsi que pour vérifier leur probité et intégrité.

Marché primaire : équivalent du marché du «neuf» des titres financiers.

Marché secondaire : marché de l'«occasion» des titres, c'est-à-dire des actions premièrement émises sur le marché primaire.

Micro grids : groupes localisés de création, de stockage ou encore de recharge électrique.

Nœuds : ordinateurs liés à la blockchain qui utilisent un programme pour relayer les transactions internes au réseau et disposer d'une copie de la blockchain à jour à chaque évolution du réseau. Les nœuds d'une blockchain en permettent son fonctionnement en exécutant des tâches diverses telles que sécuriser une copie de la blockchain existante, traiter les transactions.

Objets connectés : ce qui constitue l'*Internet of Things* (communément appelé IoT) et permet une communication entre des éléments physiques et Internet.

Passif : élément du patrimoine de l'entreprise qui génère un emploi au sens qu'il génère une valeur négative pour une entreprise.

Preuve d'enjeu (*Proof of Stake : PoS*) : un membre du réseau possède une chance de vérifier une transaction qui est proportionnel au nombre de *coins* qu'il possède. Plus un membre possède de *coins*, plus il a de chance de devenir «validateur» de transaction.

Preuve de travail (*Proof of Work: PoW*) : il s'agit pour les membres du réseau de mettre à disposition la puissance de calcul de leur ordinateur afin de résoudre un problème cryptographique complexe. La solution doit être un nombre qui, une fois inscrit dans une fonction *hash*, devient une chaîne de caractères particulière. C'est le premier membre du réseau qui parvient à résoudre l'énigme qui obtient une récompense (un ou plusieurs *coins* du réseau sans frais). Lorsqu'il a trouvé la solution, un nouveau bloc est créé inscrivant ainsi la/les nouvelles transactions dans le réseau.

Preuve de concept (*Proof of Concept: PoC*) : correspond à la réalisation d'un prototype qui valide ou non l'utilité de développement d'un produit/service.

PropTech : désigne la transformation du secteur immobilier véhiculé par la digitalisation et ses acteurs (start-up).

Puissance informatique ou puissance de calcul : désigne le nombre d'opérations binaires (0 ou 1) que l'ordinateur peut exécuter en même temps, le nombre de bits utiles calculés par seconde ou encore le nombre de cycles de microprocesseur par seconde.

Réseau centralisé : un organisme centralisateur utilise les vertus de la blockchain pour centraliser les données.

Réseau décentralisé : plusieurs organismes du réseau détiennent l'information mais aucun d'eux ne dispose de l'intégralité des données.

Réseau distribué : chaque membre du réseau détient partiellement une information du réseau.

Security Token Offerings (*STO* – **émission de tokens titres**) : émission de tokens détenant plusieurs caractéristiques – la valeur du token est relative au travail réalisé par l'entreprise émettrice, le token n'offre pas de garantie sur les objectifs réalisés ni de garantie de valeur, le token n'a aucune utilité tant que les objectifs ne sont pas atteints. Dans la définition générale ces tokens permettent de détenir des droits associés aux titres de propriété d'une société (actions, obligations…).

Smart buildings : bâtiments équipés de multiples équipements connectés qui permettent de gérer au mieux l'espace constructif, notamment en distribuant de l'électricité uniquement lorsque des personnes se situent dans une pièce, en ajustant la consommation de chauffage en temps réel en fonction de la météo, en répertoriant l'accès des individus au bâtiment, etc.

Smart cities **(villes intelligentes)** : villes qui intègrent des technologies de communication et d'information de manière fluide de sorte que la ville soit un réel environnement fluide qui réponde au besoin de chacun des habitants. L'intérêt premier est de gérer des flux urbains (transports, pollution, populations, énergies, etc.) liant ainsi des concepts d'efficience énergétique, de mobilité douce, de réseaux intelligents ou encore d'habitat intelligent. On peut inclure dans les *smart cities*, les notions de transaction de bien et de fluidité. Cette dernière étant liée à la lecture de l'identité, de la distribution et de la gestion des biens immobiliers.

Smart contract : contrat qui s'exécute automatiquement par l'intermédiaire d'un réseau blockchain à condition qu'un certain nombre de conditions prédéfinies soient remplies.

Smart grid : réseau de distribution électrique ajustable en temps réel par une distribution d'informations transparente entre fournisseurs et consommateurs.

Stable coin : cryptomonnaie qui indexe directement sa valeur sur les monnaies traditionnelles d'échange (euro, dollar…).

Technologie de registre distribué (*Decentralized Ledger Technology*) : base de données décentralisée gérée par plusieurs participants grâce à l'usage de nœuds. Les blockchains, elles, permettent d'atteindre un consensus dans un environnement qui peut ne pas être fiable sans s'en remettre à un tiers de confiance.

Token : actif entièrement numérique qui détient une valeur.

Token natif : actif digital créé à partir d'une blockchain.

Token «digitalisé» : actif qui existe indépendamment d'une blockchain et qui a été matérialisé dans un réseau (parts de capital, dette…).

H

Hash 19, 23, 175–176, 231, 243, 245

I

IA voir Intelligence artificielle
ICO voir *Initial Coin Offerings*
Imbrex 59–61
Immiris 190, 197
Initial Coin Offerings (ICO) 29, 106–109, 114, 156, 229, 243
Intelligence artificielle (IA) 37, 41, 183, 213–216, 219–225, 232–233, 235, 243
Internet of Things (IoT) 41, 192, 194–195, 197–199, 201–206, 212–213, 223, 231–233, 235, 244

K

Know Your Customer 77, 81, 120

L

Libra 135
LO3 Energy 194
LockTrip 155–158

M

Machine Learning 37, 214, 219, 225, 235
Masteos 38, 142–143, 164, 237

Mata Capital 151–153, 176, 237
Meridio 131
Mineur 23–24
MyNotary 71

N

Nœud 16, 21–22, 61–62, 81, 102, 244, 247

O

Olarchy 144, 175, 218–219, 237

P

Peer to peer (P2P) 18, 184, 194, 208
Preuve de concept (PoC) 78, 245
Preuve d'enjeu 22
Preuve de travail 23, 245
Propellr 119
PropTech 1–4, 33–34, 237
Propy 57–58, 60–62
Puissance informatique 16, 22–23, 206

R

RentBerry 160, 167, 169
Réseau centralisé 16, 245
Réseau décentralisé 16
Réseau distribué 17
RGPD 13
Ripple 17

S

Satoshi Nakamoto 12–13
SCPI 93–95, 130, 151, 153
Security Token Offerings (STO)
    29, 106, 108–110, 114, 229,
    245
Slock.it 211–212
Smart buildings 195
Smart cities 199, 222–225, 232,
    246
Smart contract 24, 69, 76, 81,
    123, 127–129, 160, 175,
    207, 230
Subprimes 121, 149
Syment 63–64, 171–172, 237

T

Technologie de registre
    distribué 16, 102, 247
Tezos 117, 129
Token 26–29
Token Estate 112

V

VEFA 117, 123, 125–126,
    172–173, 218
VictorIA 219–220
Vie privée 12, 14

W

WeWork 36
White paper 13, 157

Merci d'avoir choisi ce livre Eyrolles.
Nous espérons que sa lecture vous a été utile
et vous aidera pour mener à bien vos projets.

Nous serions ravis de rester en contact avec vous
et de pouvoir vous proposer d'autres idées de livres
à découvrir, des nouveautés, des conseils
ou des événements avec nos auteurs.

Intéressé(e) ? Inscrivez-vous à notre lettre d'information.

Pour cela, rendez-vous à l'adresse
go.eyrolles.com/newsletter ou flashez ce QR code
(votre adresse électronique sera à l'usage unique
des éditions Eyrolles pour vous envoyer
les informations demandées) :

Vous êtes présent(e) sur les réseaux sociaux ?
Rejoignez-nous pour suivre d'encore plus près nos actualités :

 Eyrolles Business et Eyrolles Web Dev et Web Design

 Eyrolles Business

 Eyrolles Business

Merci pour votre confiance.

L'équipe Eyrolles.

Composé par Soft Office

Dépôt légal : septembre 2020
Imprimé en Allemagne par BoD

www.ingramcontent.com/pod-product-compliance
Lightning Source LLC
LaVergne TN
LVHW051154060726
842526LV00014B/3186